L. LOUIS-LANDE

ANCIEN ÉLÈVE DE L'ÉCOLE NORMALE SUPÉRIEURE

SOUVENIRS

D'UN

SOLDAT

LES FUSILIERS MARINS AU SIÈGE DE PARIS
LE SERGENT HOFF — UN INVALIDE
LA HACIENDA DE CAMARON

AVEC INTRODUCTION SUR L. LOUIS-LANDE

PAR

ÉMILE FAGUET

ANCIEN ÉLÈVE DE L'ÉCOLE NORMALE SUPÉRIEURE, PROFESSEUR AGRÉGÉ DES LETTRES
AU LYCÉE CONDORCET, DOCTEUR ÈS-LETTRES

PARIS

H. LECÈNE & H. OUDIN, ÉDITEURS

17, RUE BONAPARTE, 17

—

1887

EN VENTE A LA MÊME LIBRAIRIE

LES

CHATEAUX HISTORIQUES DE LA FRANCE

Par Paul PERRET

Avec eaux-fortes tirées à part et dans le texte sous la direction de

Eugène SADOUX

Première Série formant deux magnifiques volumes grand in-4° qui contiennent chacun 120 grandes eaux-fortes tirées sur Chine. Édition sur vélin, les deux volumes, brochés. . . . . **240 fr.**

2ᵉ Série. — 5 fascicules sont en vente.

sous presse : 6ᵉ fascicule terminant le 3ᵉ et dernier volume.

LES PYRÉNÉES FRANÇAISES — Argelès — Cauterets — Luz — Saint-Sauveur et Barèges, par Paul Perret, illustrations d'Eugène Sadoux. Un magnifique volume grand in-8°, contenant 150 gravures. Broché. . . . . . **8 fr.**

LE PAYS BASQUE ET LA BASSE-NAVARRE — Bayonne — Biarritz — Pau — Les Eaux-Bonnes — Les Eaux-Chaudes, par Paul Perret, illustrations d'Eugène Sadoux. Très fort volume grand in-8°, contenant 200 gravures. Broché. . . . . **8 fr.**

L'ADOUR, LA GARONNE ET LE PAYS DE FOIX — Bagnères-de-Bigorre — Bagnères-de-Luchon — Saint-Bertrand de Comminges — Foix — Pamiers — La Vallée de l'Andorre, par Paul Perret, illustrations d'Eugène Sadoux. Très fort volume grand in-8°, contenant 200 gravures. Broché. . . . . **8 fr.**

HISTOIRE ET APPLICATIONS DE L'ÉLECTRICITÉ, par J. Le Breton. Très fort volume in-8°, contenant 120 gravures. Broché. . . . . **5 fr.**

LES GRANDS MAITRES DU DIX-SEPTIÈME SIÈCLE, *Études Littéraires et Dramatiques*, par Émile Faguet, ancien élève de l'Ecole Normale Supérieure, professeur agrégé des lettres au Lycée Condorcet, docteur ès-lettres. Un très fort volume grand in-8°, contenant de nombreuses gravures (reproductions du musée de Versailles). Broché. . . . . **5 fr.**

ÉTUDES SUR LA LITTÉRATURE FRANÇAISE AU XIXᵉ SIÈCLE — Chateaubriand — Lamartine — V. Hugo — Alfred de Vigny, par Émile Faguet, 1 beau volume in-18 jésus, broché . . . . **3 fr. 50**

SOUVENIRS D'UN SOLDAT

Le réveil.

L. LOUIS-LANDE

ANCIEN ÉLÈVE DE L'ÉCOLE NORMALE SUPÉRIEURE

SOUVENIRS D'UN SOLDAT

LES FUSILIERS MARINS AU SIÈGE DE PARIS
UN INVALIDE — LE SERGENT HOFF
LA HACIENDA DE CAMARON

AVEC INTRODUCTION SUR L. LOUIS-LANDE

PAR

ÉMILE FAGUET

ANCIEN ÉLÈVE DE L'ÉCOLE NORMALE SUPÉRIEURE, PROFESSEUR AGRÉGÉ DES LETTRES
AU LYCÉE CONDORCET, DOCTEUR ÈS LETTRES

PARIS
H. LECÈNE ET H. OUDIN, ÉDITEURS
17, RUE BONAPARTE, 17

1886

LUCIEN LOUIS-LANDE

Lucien Louis-Lande, qui prit l'habitude de signer ses articles et ses livres *L. Louis-Lande*, est né à Bordeaux le 9 septembre 1847, d'une famille honorable et distinguée, où se conservent les traditions de l'activité intellectuelle et du travail. Son père, qui existe encore, était un professeur libre, très apprécié et vraiment vénéré de ses élèves (j'en ai des témoignages). Son frère, le docteur Lande, est professeur à la Faculté de médecine de Bordeaux. Les succès de ses premières études au Lycée de Bordeaux le marquaient pour l'Ecole normale. Il vint achever ses études littéraires au Lycée Louis-le-Grand, en qualité de pensionnaire de Sainte-Barbe. Il manqua de très peu le *prix d'honneur* de rhétorique en 1866. Il eut le second prix. Il entra à l'Ecole normale en 1867.

Celui qui devait, trois ans après, figurer si brillamment parmi les fusiliers marins du siège de Paris, n'avait rien, à ce moment, ni d'un marin, ni d'un soldat. Petit de taille, mince et souple avec une apparence frêle, des pieds et des mains de femme, jolie chevelure blonde bouclée, légère moustache pâle, joues rondes, nez retroussé et gai, les yeux bleus, très doux et tendres, charmants, la voix claire et chantante, il paraissait de deux ou trois ans plus jeune qu'il n'était. M. Duruy, alors ministre, qui avait une prestance et un masque de César, et qui était habitué à voir autour de son foyer des enfants au torse sculptural, l'avisa dans une soirée chez le directeur, et dit : « On est bien jeune à l'école ».

Sous ces dehors délicats, il était très vigoureux. On s'en apercevait à la vivacité de ses mouvements, à l'agilité de sa démarche. Il était bon marcheur, coureur invincible, danseur excellent et infatigable. Chose rare chez les jeunes gens, il aimait l'effort, et l'effort longtemps soutenu. A l'école, il travaillait énormément. Mais l'on tombait, pour ce qui était de ses travaux, dans la même erreur qu'avait faite M. Duruy sur sa personne. La vigueur y était dissimulée jusqu'à ne plus laisser de trace. Je vois encore la petite scène, notre excellent professeur de latin lui disant : « Toujours votre grâce aimable et un peu abandonnée. Cela sent moins le travail qu'une nature heureuse et une agréable improvisation » ; et Lande donnant sur sa table un léger coup de poing d'impatience, où reparaissait le méridional, et qui voulait dire : « Ah bien oui ! » — « Mon Dieu, reprenait l'indulgent professeur, je ne suis juge que du résultat. Mettons que vous savez faire difficilement des vers latins faciles. Mais je vous jure qu'ils sont faciles ! »

Son caractère était tout de même. Une humeur charmante, affabilité inaltérable, gaité qui en donnait aux autres, nulle âpreté dans les discussions, et même nulle discussion, ce qui était peut-être la seule manière qu'il eût de se singulariser parmi nous — et par-dessous, une des âmes les plus énergiques que j'aie connues. Il eût bien trompé ceux qui ont coutume de prendre le mot caractère pour synonyme de mauvais caractère ; et je crois en effet qu'il a trompé ainsi, sans intention, beaucoup de gens. On le trouvait si aimable qu'on le croyait léger. Il avait une volonté de fer sous une grâce rieuse.

Cette sorte de dissimulation, tout involontaire, de sa complexion intime, était comme aidée par sa modestie, qui était absolue. Je n'ai jamais vu personne qui fût plus naturellement porté, et sans le moindre souci de mystère, à ne jamais parler de lui. Il semblait n'y pas songer. Si on lui parlait le premier d'un de ses travaux, pour l'en féliciter, il ne détournait point la conversation ; mais, sans qu'il y fît effort, il se trouvait qu'il ne parlait que du sujet, ou de ceux qui l'avaient traité avant lui.

Je n'ai point connu d'homme plus naturellement exempt de tout pédantisme. Il n'avait pas même l'affectation qui consiste à s'en préserver. Ses amis, à l'École, étaient les plus francs et les plus simples d'attitude d'entre nous : Debidour, Couat, par-dessus tous le bon et doux Lionel Dauriac. S'il faut tout dire, il n'aimait pas extrêmement l'esprit général de l'École, tel qu'il était alors; car je ne doute point que nos successeurs ne vaillent mieux que nous, et je vais même jusqu'à le croire. Un certain penchant à l'admiration mutuelle et au dédain *a priori* de ce qui n'était pas nous, gâtait un peu les plus précieuses de nos qualités. Une méthode de jugement décisive et sévère à l'égard de tous ceux qui n'étaient point entrés dans nos murs, et aussi à l'égard de ceux qui en étaient sortis, n'était tempérée que par une estime méritée, mais un peu complaisante, pour ceux qui y étaient encore. Elle allait parfois jusqu'à ne pas exagérer l'état que nous faisions de nos professeurs, qui avaient cette imperfection de ne faire partie de l'Ecole qu'à titre de trop anciens élèves.

Ces préventions, qui n'étaient peut-être qu'un noble sentiment de notre dignité, l'importunaient cependant un peu. Il me disait: « Je ne comprends pas bien pourquoi nous estimons médiocrement dans nos maîtres ce que les meilleurs de nous seront dans vingt ans après beaucoup d'effort. C'est un excès d'humilité. »

Le défaut qu'il signalait ainsi, très doucement, est celui de toute réunion fermée, qui tourne très vite au bureau d'esprit, quand on ne sait pas mêler un peu d'air du dehors à l'air du bureau. C'est ce que, d'instinct, il savait très bien faire. Excellent camarade des jours d'internat, les jours de sortie, que nous passions trop à rester ensemble, nous le voyions moins. Il savait se divertir, changer d'atmosphère, se dépayser. Il revenait plus assoupli, moins timide à la fois, et moins vaniteux.

A vrai dire, jusque dans ses études, grâce à sa très grande puissance de travail, il savait à la fois être très régulier et très indépendant. Il fournit comme tous les autres, et mieux que quelques-uns, sa carrière scolaire et, pendant ses trois ans d'école, il apprit tout seul l'espagnol, à une époque où les langues étrangères n'étaient point suffisamment en honneur dans l'Université. Il formait à lui seul la section libre des langues vivantes à l'Ecole normale. Il n'y aurait point de mal à l'établir officiellement, en son honneur.

Il avait l'esprit très ouvert, très littéraire, judicieusement critique, mais très posé, peu aventureux, donnant peu à l'imagination, et ne donnant rien à la métaphysique. L'amour des faits, d'une exposition claire des faits, d'une appréciation mesurée et d'une déduction prudente, était le fond de son esprit. Il n'était pas bien sûr d'aimer Hugo. Il adorait Mérimée. Il estimait infiniment Stendhal ; mais je crois qu'il s'abstenait de le dire très haut, parce que nous en faisions notre entretien enthousiaste, et y voyions une foule prodigieuse de choses qu'il avait peur de n'y pas voir aussi distinctement que nous. Edmond About le ravissait : « Ah ! des histoires de trente pages, limpides et sans fracas ! » Le jour où un de ses amis le présenta à

Edmond About, il fut enchanté. L'entrevue fut cordiale. Ils bavardèrent une heure et furent très contents l'un de l'autre.

Il abhorrait la phrase, la déclamation, l'étalage, l'exposition ambitieuse d'idées générales : « Il n'y a pas une phrase dans Voltaire, disait-il, c'est vrai ; mais il n'y a pas une *page* non plus ». En général, et je crois qu'il avait tort en cela (mais je ne suis ici que rapporteur), il trouvait qu'on donnait aux poètes une trop grande place dans l'éducation littéraire. « La part du faux, disait-il, est toujours trop grande dans l'esprit humain. C'est par là qu'il commence. Les enfants inventent des contes de Perrault, quand ils n'en lisent pas. On leur en fait lire, de magnifiques il est vrai, jusqu'à vingt ans. Il vaudrait mieux leur donner du bon sens, qui est la dernière chose dont chacun s'avise, au gré de la vie, quelquefois bien tard. »

Il aimait les travaux qui exercent la volonté, encore qu'il n'eût aucun besoin de stimuler la sienne. Nous n'aimions guère les devoirs latins, trouvant dans les exercices en français une plus belle matière à nos brillantes facultés. Sans tenir beaucoup aux compositions latines, il disait, plaisantant à demi : « Eh ! mon Dieu ! Elles ne sont pas beaucoup plus ridicules que les autres, et elles font piocher plus dur ».

Il méprisait la politique, dont nous étions férus alors, à l'égal des spéculations métaphysiques. Il est probable que c'était pour lui une forme de la philosophie ; et, en effet, pour les Français, elle est souvent une construction aventureuse sur les fondements de l'absolu. La part d'idéal que chacun de nous a en lui, il la mettait dans l'idée de patrie. J'ai rarement vu patriote plus convaincu, plus obstiné, plus violent contempteur de ceux qui ne le sont pas. Son principe, la place de son âme impénétrable au scepticisme, et avec laquelle il ne permettait point qu'on plaisantât, était là. Ceci, sans la moindre attitude, ni une ombre de déclamation, mais non sans susceptibilité. Il n'aimait pas qu'on refît autour de lui le lieu commun littéraire : « *Græcia capta ferum victorem cepit* ». Il murmurait avec la mauvaise humeur gaie, qui était sa façon de se fâcher : « Oui, oui, *Græcia capta ferum...*, ce n'est joli à dire que quand c'est le vainqueur qui le dit ».

Il avait l'esprit droit, le sens du réel, la volonté tenace, et le cœur bon. Ce n'était pas un homme supérieur, mais c'était un homme très distingué ; car c'était un homme.

1870 arriva. La plupart de ses camarades s'engagèrent dans les *mobiles* ou dans les *chasseurs de Vincennes*. Pour suivre son ami Dauriac, dont les circonstances devaient, du reste, le séparer pendant la campagne, il s'engagea dans les fusiliers marins. Il fallut des protections pour qu'il obtînt d'être de ceux qui se battaient. Il y parvint. Il fut de ceux qui défendirent le fort d'Ivry et prirent part à un grand nombre d'engagements. Il a raconté leur histoire dans son récit des « *Fusiliers marins au siège de Paris* ». Ce qu'il n'a pas dit, c'est son histoire à lui, ses souffrances, son énergie, son courage, sa belle conduite, qui le firent distinguer, lui conscrit, parmi de vieux soldats, et les plus intrépides de cette terrible campagne. Il fut décoré de la médaille militaire, et cette décoration de soldat avait grand air sur sa robe de professeur, ou sur son habit d'homme du monde.

Il reprit ses occupations de lettré, entra, à vingt-quatre ans, dans la *Revue des Deux-Mondes*, où le sévère Buloz n'admettait guère les débutants. Il professa quelque temps dans l'Université, et se fit recevoir agrégé des Lettres en 1873. Mais il avait besoin de Paris pour sa carrière littéraire si brillamment commencée, et s'arrangea de manière à y rester comme professeur libre, se perfectionnant dans la connaissance de la langue et de la littérature espagnole, donnant de fréquents articles à la *Revue*, suffisant à cette triple tâche, avec peu de facilité d'écrivain et une sévérité tyrannique sur sa plume, par le labeur le plus acharné et le plus ardent que j'aie jamais vu, et qui n'altérait en rien la gaîté de son humeur ni l'affabilité de son accueil.

Je le vis très souvent à cette époque. Il était magnifique d'entrain et d'espérance, menant sa vie avec une fermeté et une décision qui le rendaient admirable autant qu'il était charmant. Il piochait la vie comme une composition latine ou une tranchée, dur et droit, et en chantant. Il aimait le travail, l'honneur et le plaisir. Il était ambitieux, laborieux, et trouvait du temps pour s'amuser, et du ressort pour être gai. J'ai toujours pensé que la journée avait pour lui plus de vingt-quatre heures. Peut-être est-ce parce qu'il n'en donnait pas le quart d'une à la rêverie vague ou à la réflexion creuse. Il était action de corps et d'âme, d'un feu, d'une ardeur incroyable. Il ne s'arrêtait de lire, de penser, de professer ou d'écrire que pour marcher ou danser, toujours agile et dispos, et réglé, baisser parmi tout cela, comme un employé.

Je suis sûr qu'il ne s'est jamais ennuyé de toute sa vie, ce qui est déjà un beau résultat. La mélancolie, le mal de vivre et autres « maladies du siècle » lui étaient inconnues comme une autre sphère : il en avait entendu parler ; il n'en avait aucune idée. Il devenait d'un haut comique quand la conversation tombait là-dessus :

« C'est peut-être curieux, cette sensation-là. Je ne dis pas non. Je voudrais un peu voir. Il n'est pas mauvais de tout connaître. D'autant plus que je risque peu : j'en serais revenu avant d'être en route. Mais je ne peux pas. Je n'ai pas le temps. C'est trop difficile. Il faut s'appliquer, se donner un mal épouvantable. Il faut se retourner soi-même comme un gant : quand on s'amuse, se dire que rien ne prouve notre incurable misère comme cette déplorable facilité à se divertir ; quand on a un motif réel de tristesse, se dire qu'il est honteux d'être triste pour une circonstance passagère, quand on devrait l'être du seul fait d'exister ; quand on vit, trouver épouvantable une existence qui se termine par la mort, et détester ainsi la vie parce qu'on n'aime pas son contraire, ce qui est logique ; quand on meurt, maudire la mort de nous ravir une existence qui était pire que le trépas ; dire : « Frère, il faut mourir ! » et, comme c'est trop gai, ajouter : « et c'est bien heureux ; car la vie est affreuse, étant une condamnation à mort, et douce la mort, étant une délivrance d'un mal qui n'était mal qu'à cause d'elle », — ce n'est pas la manière de sentir du premier venu ; mais cela demande trop de peine. Il est incroyable combien il faut s'imposer de labeurs pour arriver à s'ennuyer. Remarquez que cette pensée est éminemment pessimiste. »

Quoi qu'il en soit de la théorie, il est certain qu'il prenait les choses tout à l'inverse. On fait remarquer aujourd'hui qu'il est impossible qu'une génération qui, au sortir de l'adolescence, a vu la guerre de 1870 et la guerre civile de 1871, ne soit pas incurablement mélancolique et impuissante à tout vouloir vivre. Il avait vu la guerre étrangère et la guerre civile d'assez près, et il en tirait une conclusion un peu différente.

La première humiliation passée, qui fut profonde, et la première colère, qui fut violente, et dont on voit les traces dans les écrits qui vont suivre, il disait vaillamment : « Eh bien ! à la bonne heure ! Le malheur de la France jusqu'aujourd'hui, c'est qu'elle ne savait pas ce qu'elle avait à faire. Maintenant, au moins, elle le sait. Nous avons un but, qui est clair, et un chemin qui est tracé. Il est probable que nous n'allons plus chercher midi à quatorze heures ».

Ce n'était pas son défaut. Il ne prenait aucun plaisir à l'incertitude. Il allait droit devant lui au but, comme au feu. D'une probité scrupuleuse en affaires, il a fait repentir certaines gens d'avoir supposé que cet ambitieux pouvait être un avide, et sensible à des avantages immédiats qui auraient été incorrects. — Sa délicatesse était même très susceptible. On lui offrit une grande position dans un journal fort honorable d'ailleurs, et qui n'était pas d'une autre opinion que la sienne, qui n'était que d'une nuance légèrement différente. Il refusa : « C'est parce que la position est importante, disait-il. J'y écrirais au troisième rang. Au premier je deviens responsable, non seulement de ce que j'écris, mais de ce qu'on écrit autour de moi. » Il ne se vantait pas de ces choses, et c'est par d'autres que j'ai su celle-ci. Il s'étonnerait que je l'en félicite. Aussi je ne l'en loue point, je la rapporte comme un trait de sa netteté de caractère.

Au fond, sans philosophie, et sans goût des idées générales, il avait un idéal qui n'est point commun. Il concentrait tout son effort sur son ambition, et rapportait toute son ambition à sa patrie, sans chercher plus loin, mais sans rester en deçà. S'il n'avait eu horreur et de parler de lui et de faire quoi que ce fût qui ressemblât à l'exposition d'un système, il me semble qu'il aurait dit à peu près :

« Je suis ce que les Anglais appellent un *séculariste*. Je fais partie d'une grande fourmilière de trente-six millions de fourmis. L'intellect d'une fourmi ne va pas très loin, et je ne sais pas dans quel but les fourmis ont été mises sur la terre, ni si mieux vaudrait qu'elles ne fussent point, ni si tout est pour le mieux dans leur complexion et dans leur habitat, ni si elles sont capables de concevoir l'absolu, ni si l'impossibilité de le concevoir doit leur faire prendre en dégoût leurs galeries et leurs pucerons. Mais il est probable, sans que cela soit certain, que je risque peu de me tromper en étant une bonne fourmi, et en dirigeant mes efforts dans le sens du bien général de la fourmilière. Je saurai un jour, à moins que je ne le sache jamais, quelle était la raison d'être et d'agir de la fourmi prise en soi, et ce ne me sera pas une petite joie que d'acquérir cette connaissance ; mais d'ici là, et par provision, le moins décevant n'est-il pas, étant fourmi, de conformer ma volonté, si j'en ai une, à ma destinée, si je puis me servir de ce mot, et de travailler pour le bon état provisoire de la communauté, la faisant plus forte, plus riche, plus armée contre les autres fourmilières et plus en garde du fourmi-lion ? Et si je me distingue un peu dans l'effort général auquel je m'associe, sans oublier que je ne suis que poussière, je demande, à titre provisoire, à m'en féliciter honnêtement. »

De fait, il poussait vivement sa galerie. Après les récits militaires dont nous avons composé ce volume, il avait publié dans la *Revue des Deux-Mondes* plusieurs essais très remarqués sur la littérature espagnole. Sa critique était nette, bien informée, y serrant de près son objet. Mais il était dans sa nature de chercher le *fait* de plus près encore, sur le vif plutôt qu'à travers les livres. Voir des Espagnols lui allait mieux encore que de lire des livres espagnols. Il fit en 1876 un premier **voyage** dans le pays basque et en **Navarre**. Il voyageait à pied, relevant et notant toutes choses avec une exactitude et une minutie qu'il apportait dans toute espèce de travail.

Il a fait part au public de ce voyage, dans l'agréable volume intitulé : Basques et Navarrais (1). C'est un livre d'une lecture très attachante. Il y a là des *paysages précis*, des détails de mœurs, des portraits, des conversations caractéristiques, des anecdotes piquantes, très instructives sur les habitudes et le tour d'esprit des populations du nord de l'Espagne. Rien ne sent moins l'improvisation, l'à peu près ou « l'inspiration ». Tout y est exact et d'une vérité de détails absolue, mais relevé par ce tour de vivacité et cette grâce alerte qu'il portait en lui, et mettait partout. Certains récits personnels sont des chefs-d'œuvre d'*humour* sans amertume, celui de « ses prisons », par exemple, de son arrestation et de sa captivité à Burgos. Car il fut incarcéré. Il allait, regardait, furetait. Ce n'était pas naturel. Son sergent Hoff, dont il avait si bien raconté l'histoire, avait été tenu pour un espion allemand. Lui fut pris pour un espion carliste, et embastillé. Il fallut faire jouer des machines, se réclamer de l'ambassade. On le relâcha ; mais il était temps : par sa bonne humeur il avait déjà à demi suborné son geôlier.

Tout le livre est d'une allure rapide, franche et gaie sur un fond solide. C'est une des meilleures relations de voyage que je connaisse.

(1) *Didier* (1877).

Nous approchons du triste dénouement, dont je voudrais retarder le récit. Quand je le vis pour la dernière fois en avril 1880, il se préparait à repartir pour l'Espagne. Il avait amassé beaucoup de matériaux pour un ouvrage d'érudition à la fois historique, diplomatique et militaire sur l'*Armada*. Il en voulait recueillir d'autres, sur les lieux, comme il aimait à faire toujours. Il était à ce moment tout plein d'ardeur, de confiance et de gaieté, c'est-à-dire dans son naturel :

« L'Espagne ! oh ! l'Espagne, après Paris, c'est encore où je me trouve le mieux, moi qui me trouve bien partout. Du reste, je ne me dissimule aucunement que je puis très bien m'y faire casser le cou. — Mais s'il y a du danger pourtant... lui disait quelqu'un qui l'a beaucoup aimé et qui l'aime encore. — Bah ! répondait l'ancien fusilier marin. » Quand il était question de danger, c'était sa manière ordinaire de conclure.

De juillet à septembre il parcourut les bibliothèques espagnoles, à Madrid, à Simancas. Il séjourna longtemps dans cette ville pour y dépouiller des archives très importantes pour son sujet. Son travail était fini. Ses dernières lettres, de septembre 1880, sont toutes pleines du soulagement du labeur achevé, de la joie du retour prochain. Il arrivait. On l'attendait à Bordeaux pour le 30 septembre.

Le 25 ou 26 septembre, il quitte Simancas à pied, avec un guide, pour se rendre à Valladolid. Son bagage suivait. Il arriva à Valladolid dans la soirée, chercha un hôtel, ne trouva point où se caser : il y avait course de taureaux, la ville regorgeait. Il est probable qu'il voulut pousser plus loin, jusqu'à quelque bourgade avoisinante... On ne sait plus rien de sa vie. Son frère, inquiet, partit pour Valladolid, fit des recherches. On trouva son corps dans une des rivières de Valladolid, la Pisuerga. Il avait séjourné trois ou quatre jours sous l'eau. Il avait encore sa montre et son portefeuille. On n'a pu retrouver ni sa sacoche, ni son guide. Les Espagnols ont cru à un accident. Nous y voulons croire.

Il est mort d'une autre mort que celle qu'il désirait ardemment, glorieuse encore, sur son champ de recherches et d'études, en savant et en soldat, en faisant une reconnaissance.

La douleur fut profonde chez tous ceux qui l'avaient aimé, c'est-à-dire chez tous ceux qui l'avaient connu. Notre promotion de 1867 à l'Ecole normale avait été déjà éprouvée cruellement. Elle l'a été encore depuis. De vingt-quatre, nous sommes réduits à dix-huit. Sommes-nous même dix-huit ? On se disperse, on se perd de vue, on s'oublie presque. De temps en temps on se réunit autour d'une tombe.

Le monde littéraire le regretta sincèrement. Il s'y était fait une place déjà large, qui aurait grandi très vite, grâce à ce qu'il y avait de solide et de bonne trempe dans son talent, de tenace et d'invincible dans sa volonté. Je ne crois pas que M. Bourget ait assez dit, ni tout ce qu'il pensait assurément, quand il a parlé « de cette existence qui promettait d'être utile aux lettres françaises ». J'estime qu'il leur aurait fait honneur.

Utile, il l'eût été par un autre côté à la génération dont il était, et à celle qui nous suit. Je ne veux pas dire qu'il eût contribué à la détourner du découragement plus ou moins philosophique qui est à la mode en ce moment, tant je crois peu que la jeunesse actuelle soit même menacée d'une recrudescence de cet archaïsme. Il me paraît seulement qu'il l'aurait pour sa part, ne fût-ce que par son exemple, habitué à fuir toute affectation, toute attitude ou orgueilleuse ou accablée, toute prétention à une profondeur facilement acquise, tout rôle joué, toute distinction d'emprunt et toute élégance laborieuse.

Son caractère droit et sa pensée franche n'eussent pas laissé d'être contagieux, et de bannir par leur influence, ce qui eût été autant de gagné, une certaine quantité de phœbus dans le style et de galimatias dans les attitudes.

Il aurait pu lui rendre un autre service. La jeunesse actuelle (il me reprocherait de faire une généralisation ; mais elle n'est pas très ambitieuse) est tout ce qu'il y a de moins désenchanté, et aussi éloigné que possible de chercher des raisons à se dégoûter de l'existence. Elle est infiniment pratique, active, énergique, ambitieuse, et convaincue de la réalité des biens de ce monde, en quoi elle lui ressemble, et a bien raison ; et quand nous travaillons à lui démontrer qu'elle a le sens profond de la vanité de toutes choses, elle a l'irrévérence de prendre nos homélies pour une plaisanterie considérable. Mais peut-être oublie-t-elle un peu que s'il n'est point nécessaire à l'homme d'avoir une chimère ou de s'en créer une, il lui est utile d'avoir un idéal assez élevé pour donner à l'action un but un peu noble et à la volonté une valeur morale, ce dont l'activité se trouve stimulée et la volonté accrue, un idéal assez proche aussi pour ne point donner à notre faiblesse une excuse et à nos doutes une matière.

Cet idéal, n'oublions pas que Lande l'avait trouvé dans les tranchées du fort d'Ivry, qu'il l'avait estimé à sa taille, que sa modestie s'en était contentée, et qu'il lui avait suffi, pour soutenir une vie de travail, de recherches ardentes, de patience invincible, de généreuse ambition, d'indomptables espérances et d'inaltérable bonne humeur.

L'éloge le meilleur qu'on ait fait de lui à la nouvelle de sa mort, et celui qui aurait été plus droit à son cœur, est celui de M. Mézières, qui est un homme de lettres, un savant en littérature étrangère, et un enfant des *pays annexés*. M. Mézières écrivait dans *Le Temps* aux premiers jours d'octobre 1880 :

« Je me reprocherais de laisser disparaître sans une parole d'adieu l'homme de cœur et de talent dont on vient de retrouver le corps dans une rivière d'Espagne, entre Simancas et Valladolid. Quelle est la cause de cette mort tragique? L. Lande est-il la victime d'un accident ou d'un meurtre?... Ce qu'on peut dire dès maintenant, c'est que la jeunesse française perd en lui un des représentants qui lui faisaient le plus d'honneur. Cette mort qui est peut-être venue le surprendre dans un guet-apens obscur, il l'avait cherchée vingt fois aux avant-postes, dans les embuscades, dans les sorties du siège de Paris. Ceux qui ont reçu alors les confidences de cette âme vaillante n'oublieront jamais le souvenir qu'elle leur a laissé.

« Il y avait quelque chose d'héroïque dans le patriotisme de ce jeune homme d'apparence frêle, mais qui avait soif de dévouements, de combats et de dangers. Dispensé du service militaire, il avait renoncé à son droit et demandé, comme plusieurs de ses camarades, à servir dans l'armée active. Son ambition allait même plus loin: il avait voulu faire son service dans un des corps les plus exposés. Ce ne fut pas sans peine qu'il obtint de s'engager dans un bataillon de fusiliers marins. Le nom de ce corps rappelle les plus grands dévouements et les plus grandes souffrances du siège de Paris. En voyant les marins passer si souvent aux avant-postes, les gardes nationaux leur disaient avec une nuance d'inquiétude : « C'est donc toujours votre tour?— Oui, répondaient gaiement les braves gens, heureux de conduire aux endroits les plus dangereux l'uniforme de la marine. De jour en jour les rangs s'éclaircissaient ; le feu, le froid faisaient leur œuvre. Au commencement du siège, ils étaient dix-huit cents; à la fin il n'en resta que neuf cents.

« Comment L. Lande, qui semblait avoir la complexion délicate d'une jeune fille, supporta-t-il des fatigues assez multiples, un hiver assez rude pour avoir raison de plus robustes santés? Il y a là des mystères de volonté et de courage. On le crut perdu plus d'une fois ; en entendant la toux qui, pendant les nuits d'hiver, déchirait sa poitrine, les vieux loups de mer disaient tout bas: « Il a un vilain rhume, le petit », et ils veillaient sur lui avec sollicitude ; car tous l'aimaient, comme s'ils avaient désiré dans ce corps d'enfant une âme de héros.

« Après avoir déposé son fusil, Lande prit la plume, et il écrivit dans la *Revue des Deux-Mondes* des articles qui sentaient la poudre. Son récit d'un épisode terrible de la guerre de Mexique est un chef-d'œuvre de précision et de force. Il fallait avoir le tempérament d'un soldat pour s'approprier avec tant de sincérité les émotions d'un drame qu'il ne connaissait que de seconde main, par la narration d'un témoin oculaire.

« Lande savait l'espagnol, et c'est vers l'Espagne que se tourna sa première curiosité littéraire. Peu de mois après la guerre carliste, il visita à pied les provinces du nord de l'Espagne, allant de village en village, par les sentiers des montagnes. Il a raconté fort agréablement ses impressions de voyage dans un volume publié chez Didier. Il y a là beaucoup d'observations curieuses et neuves. Ce sont les remarques d'un homme qui a voulu pénétrer dans l'intimité des mœurs espagnoles, et qui, en s'éloignant des chemins battus, rencontre des types originaux et des faits inédits.

« L'Espagne devait lui offrir la matière d'un travail plus important; il préparait une thèse de doctorat, et il avait choisi pour sujet l'histoire de l'*Invincible Armada*. Il lui semblait nécessaire de faire revivre ce grand effort de la marine espagnole sous Philippe II, et d'opposer à l'immensité des prétentions et des préparatifs la vanité des résultats. Les détails de cette leçon infligée par la fortune à l'orgueil de la toute-puissance plaisaient à l'esprit libre et hardi de L. Lande. Il n'était pas fâché de découvrir dans le passé, à l'adresse du présent, des exemples de grandes ambitions et de grands succès suivis de grands revers. Il revenait de consulter les documents nécessaires quand la mort l'a surpris. Je l'avais vu peu de jours avant son départ pour l'Espagne. Il m'avait raconté ses projets avec le feu de la jeunesse. Je ne puis me rappeler maintenant sans un amer sentiment de tristesse l'expression de ses yeux modestes, le son de cette voix si douce, ces dehors aimables et souriants sous lesquels se dérobaient, avec une grâce exquise, l'énergie et la fierté d'un grand cœur. »

L'Espagne, qu'il n'avait jamais flattée, mais qu'il aimait, et dont il avait contribué à faire connaitre en France les écrivains de distinction, paya son tribut de regrets à sa mémoire. L'éminent romancier Antonio de Trueba rappela avec une sympathie émue et une pieuse gratitude dans le *Noticiero Bilbaino* l'effort fait par L. Lande pour éclairer les Français sur les mœurs et les sentiments du peuple espagnol, retraça avec une fidélité et une vivacité rares la figure si intéressante et si aimable du jeune écrivain français, pleura dignement et simplement sa brusque et irréparable disparition.

Le marquis de Riscal, qui a toujours eu pour Lande comme une affection fraternelle, apporta dans *El Globo* son témoignage en faveur de l'impartialité éclairée et sympathique qui a toujours inspiré notre judicieux compatriote dans ses appréciations sur les choses d'Espagne. Son souvenir ne s'est point éteint là-bas.

Le même très distingué et très aimable marquis de Riscal m'écrivait, ces jours derniers, une lettre pleine d'émotion que son caractère d'intimité ne me permet pas de reproduire, mais qui m'a bien montré à quel point la mémoire du jeune écrivain patriote est restée vivante et chère aux cœurs de tous ceux qui l'ont rencontré dans la carrière de la vie, pour lui si courte. Entre autres travaux historiques à la *Revue des Deux-Mondes*, il avait publié le 1er octobre 1874 un article sur la situation politique en Espagne à cette époque. Cette étude attira très vivement l'attention et fit un grand bruit de ce côté et de l'autre des Pyrénées. Malgré la signature, elle fut attribuée en France à M. le duc d'Aumale, et en Espagne à M. Canovas del Castillo. Elle était le résultat d'un échange de vues et d'une collaboration entre Lande et M. le marquis de Riscal. C'est un travail plein d'aperçus et de ces vues nettes et précises, comme Lande les aimait, qui est singulièrement instructif, « suggestif », comme on aime à dire aujourd'hui, et que nos politiques ne feraient point mal, maintenant encore, de consulter. Je ne parlerai point des Récits militaires qui vont suivre. Le lecteur les aura parcourus et jugés avant de lire ceci. Je ne dis que mon goût, qui est qu'ils sont une œuvre supérieure, d'une fermeté de dessin et d'une intensité de vision extraordinaires. M. Mézières dit très bien, à son ordinaire d'ailleurs, quand il fait remarquer le tempérament de soldat qui se marque dans le récit de *La Hacienda de Camaron* ; cela éclate; mais j'y vois aussi des dons de peintre, ou, si l'on veut, de graveur à l'eau-forte, qui font songer plus d'une fois à l'*Enlèvement de la redoute*. On est surpris qu'il y ait si peu de rhétorique, un instinct du choix, de la sobriété, et de la concision pittoresque si sûrs dans un si jeune homme, qui sortait de l'école, et des vers latins « trop faciles ».

Les événements dont quelques épisodes caractéristiques ont fait la matière de ces tableaux, sont déjà un peu éloignés dans le passé de notre histoire. Ce n'est pas une raison pour ne point relire ces pages sombres et émouvantes. J'ai trouvé que c'était une raison pour les publier. Il ne faut ni crier qu'on se souvient, ni oublier. Il y a des choses pour lesquelles ce qui convient est de n'en parler jamais et d'y songer toujours. Le moyen d'y songer sans en faire éclat, est de les relire, surtout chez un homme qui a cette qualité rare d'être un écrivain patriote sans déclamation.

On trouvera peut-être que j'en ai trop parlé, et voilà que si je m'écoutais, j'en parlerais longtemps encore. Ai-je tout dit, sa bonté, son ardeur, dans sa vie si remplie et encombrée, à rendre service, sa promptitude à pardonner, qui certes n'était point faiblesse ou insouciance, chez un homme peu endurant et qui prenait de très haut les mauvais procédés ? Je laisserai toujours une image affaiblie d'une personnalité si vivante et dont la vie semblait rayonner et vibrer autour d'elle. Il est resté pour moi une des expressions les plus vives et les plus remarquables du type français. Il était Français de corps, d'âme, de tournure, de manières, de pensée et de style; il a beaucoup aimé la France; il l'a bien servie; il l'eût grandement honorée.

Ce qu'il aurait fallu faire pour honorer sa mémoire,

c'est une étude sur lui, comme il en faisait sur d'autres, nette, vive, émue, mais pleine d'entrain, et, parmi les douloureux souvenirs, gaie encore, à *la française !*

Emile Faguet.

BIBLIOGRAPHIE

Voici la liste complète des articles publiés par L. Louis-Lande à la *Revue des Deux-Mondes*, en dehors des Récits militaires qui suivent :

Littérature espagnole. — Un roman de mœurs espagnoles, *Pepita Jimenez* (15 janvier 1875). — Un romancier espagnol, Pedro de Alarcon (15 mai 1875). — Un conteur espagnol contemporain, Antonio de Trueba (15 janvier 1876). — Le roman patriotique en Espagne, *Les Episodios nacionales* de M. Perez Galdos (15 avril 1876). — Un poète lyrique espagnol, Don Gaspar Nunez de Arce (15 mai 1880).

Histoire. — Les *cagots* au moyen âge et leurs congénères, d'après de récentes publications (15 janvier 1878).

Histoire contemporaine. — La question cubaine, six années d'insurrection, l'affaire du *Virginius* (15 mars 1874). — La Sicile dans les dernières années, la situation politique et le *Malaudrinaggio* (1 août 1874). — La guerre civile en Espagne (1 octobre 1874). — L'état moral et politique de l'Espagne en 1880 (15 octobre 1880, *article posthume*).

Législation, administration. — Les Alsaciens-Lorrains en Algérie et la Société de protection (1 septembre 1875).

Voyages, Ethnographie. — Trois mois de voyage dans le Pays Basque. — I. La Navarre (15 février 1877). — II. L'Alava 15 mars 1877. — III. La Viscaye (15 juillet 1877). — IV. Le Guipuzcoa (15 août 1877). — V. Les Fueros (15 octobre 1877). — Un Voyageur français dans l'Ethiopie méridionale : I. Une colonne française dans le Choa (15 décembre 1878). — II. La Mission de M. Arnoux (15 janvier 1879).

LES FUSILIERS MARINS
AU SIÈGE DE PARIS

LES FUSILIERS MARINS

AU SIÈGE DE PARIS (1)

I

On se rappelle la stupeur de Paris quand s'y répandit tout à coup la nouvelle des deux défaites de Forbach et de Reischofen. C'était un dimanche, l'atmosphère était lourde, orageuse, chargée d'épaisses vapeurs. Je me trouvais avec deux ou trois de mes camarades de l'École normale ; nous parlâmes de nous engager. Sans être bien perspicace, on pouvait déjà prévoir que notre armée active n'était pas de force à soutenir la lutte, et les raisons mêmes qui avaient amené la défaite du maréchal de Mac-Mahon, le nombre des Allemands, leur discipline, leur savante organisation, disaient assez qu'avant peu la France aurait besoin de tous ses enfants. Par cela même qu'une loi spéciale nous exemptait de tout service militaire, nous nous devions de donner les premiers l'exemple du patriotisme.

D'ailleurs un décret du ministre de l'instruction publique vint bientôt renvoyer à des jours plus heureux nos examens d'agrégation. Dès lors, débarrassés de toute préoccupation universitaire, nous pouvions librement disposer de notre temps et de nos volontés. Deux jours après, une vingtaine d'entre nous avaient

(1) Ce récit a paru dans la *Revue des Deux-Mondes* (15 juillet 1871).

signé leur engagement, soit dans la ligne, soit dans la mobile, soit dans les chasseurs de Vincennes, et la semaine n'était pas écoulée qu'ils étaient habillés, équipés, armés et installés dans les casernes pour être dirigés sur le camp de Châlons.

Pour moi, une circonstance particulière m'attirait vers la marine. J'avais pour ami à l'Ecole le fils d'un officier supérieur de la flotte. Il m'avait bien souvent parlé de la vie des matelots, de leur rude mais bonne nature, de leur discipline, de leur courage, de leur dévoûment à leurs chefs, et je les aimais déjà. Il était question en ce moment de faire venir à Paris un certain nombre de marins destinés à occuper les forts. Je me décidai à m'engager dans les fusiliers de la marine, et le 14 août au soir, muni de ma feuille de route, je partais pour le port de Brest. J'y arrivai le 15 août, et je pus dans la soirée assister au départ d'un bataillon de fusiliers marins qu'on dirigeait sur Paris.

Ils venaient de Pontanezen, caserne située à 3 ou 4 kilomètres de la ville. Parents, amis, se pressaient derrière eux; la foule les acclamait au passage, et, quoique les cœurs fussent bien tristes, les chants, les railleries, les bons mots, se croisaient de toutes parts dans une langue inconnue pour moi. La bonne tenue de ces hommes, leur air martial et décidé, me fortifièrent dans la résolution que j'avais prise de servir avec eux; mais mon inexpérience des choses militaires était déjà un premier obstacle : je n'ai jamais été chasseur, et c'est tout au plus si avant la guerre j'avais tiré dans ma vie une douzaine de coups de fusil. Or les fusiliers sont un corps d'élite; destinés à former dans les colonies des compagnies de débarquement, ils ont reçu une éducation spéciale, et peuvent presque au même titre servir de soldats ou de matelots : la plupart de ceux que j'ai connus avaient fait campagne au Mexique, en Chine, en Cochinchine.

Aussi, quand j'exprimai au bureau d'armement le

désir de faire partie des fusiliers marins, on me répondit que ce que je demandais était chose impossible, qu'on n'envoyait à Paris que des *rappelés*, d'anciens serviteurs, que ma place m'était assignée d'avance, que j'allais être embarqué comme tous les autres engagés volontaires à bord de la *Bretagne*, sorte de vaisseau-école, où l'on m'initierait pendant un an à tous les secrets du métier, tels que laver le pont, carguer les voiles et manier la rame; de là, si je persistais dans ma résolution, je serais envoyé à Lorient pour y apprendre le maniement d'armes et mériter par dix mois d'exercices assidus le brevet de fusilier.

En vain m'écriai-je que j'étais venu pour me battre et non pour laver le pont d'un navire; qu'avec du courage et de la bonne volonté on apprend à tenir un fusil en trois jours, et que je n'avais pas besoin de passer sur un vaisseau-école pour détester cordialement les Prussiens. Les règlements me donnaient tort. D'autre part, personne ne comprenait ou ne voulait comprendre les motifs qui m'avaient fait entrer au service; on se raillait bien fort de ce qu'on appelait une folie, *un coup de tête*; et, comme s'il se fût agi d'un engagement ordinaire, plus d'un me demanda si je n'étais pas en mésintelligence avec ma famille.

Avec cela, mes affaires n'avançaient point; tout occupée d'organiser les bataillons qui devaient partir pour Paris, l'administration s'intéressait fort peu aux malheureux engagés volontaires. Depuis sept ou huit jours déjà, j'errais dans le *quartier* de Brest, rebuté des uns et des autres; je pris alors le parti de m'adresser aux autorités supérieures, et le père de mon ami voulut bien parler de moi au préfet maritime. O force de recommandations! ce qui semblait impossible devint aussitôt chose faite, car en moins de deux heures, équipé des pieds à la tête, j'étais inscrit d'office parmi les fusiliers marins, et embarqué avec cinq cents de mes nouveaux camarades à bord de l'*Aber'vrach*.

L'*Aber'vrach!* ce nom bizarre m'intrigua dès le premier jour, et, bien que d'autres soucis vinssent m'assaillir au moment où commençait pour moi une vie si nouvelle, je n'eus pas de cesse que ma curiosité ne fût pleinement satisfaite. Voici les renseignements que je recueillis. L'*Aber'vrach* est une petite rivière aux environs de Brest; le navire sur lequel nous nous trouvions avait été, me dit-on, pris dans le temps sur les Anglais; il fut débaptisé et reçut un nom emprunté à la topographie du pays. Aujourd'hui c'est une vieille frégate toute vermoulue, toute démâtée, qui ne quitte jamais le port et sert de casernement aux marins quand le quartier est encombré; mais cela ne m'apprenait pas la forme même du mot, et je me vois glissant un soir le long de la coupée, pencher la tête au-dessus du gaillard d'arrière pour déchiffrer tant bien que mal sur une poutre du vieux navire, creusée par l'eau de mer, ce nom breton par excellence.

Il y avait là, du reste, autre chose qu'une vaine curiosité. N'avais-je pas à dater mes lettres et celles de mes camarades? En effet, soit qu'on m'eût vu écrire, soit que tout autre indice m'eût trahi, le bruit s'était bientôt répandu que je maniais la plume « comme le fourrier ». Dès lors je fus presque officiellement chargé de la correspondance. Nous allions partir pour une campagne périlleuse, et chacun, avant de quitter le port, éprouvait le besoin d'adresser à ses parents ou à ses amis un adieu qui serait peut-être le dernier. « Je suis en parfaite santé, et je désire que la présente vous trouve de même pour notre plus grand bonheur à tous en ce monde et dans l'autre. » Telle est la formule invariable par laquelle on débute; s'en écarter serait manquer d'usage. Rien de plus simple d'ailleurs, rien de plus naïf que ces lettres des matelots; rien de plus touchant aussi, car le cœur en déborde, et moi, rédigeant sous leur dictée les recommandations, les conseils et les adieux de ces pauvres gens qui, pour la plupart, laissaient au pays une petite famille ou de vieux parents, je sentais les larmes me monter aux yeux.

L'un d'eux vint me trouver un jour, d'un air timide et préoccupé ; celui-là n'était pas marié, mais il avait une *prétendue*, qui, sans la guerre, eût été déjà sa femme, et il voulait lui écrire. Il éprouvait un certain embarras à faire ainsi d'un étranger le confident de ses pensées les plus intimes, et cependant l'amour parlait plus haut. Sur sa demande, je m'installai dans la batterie sur l'affût d'un canon, et j'attendis qu'il voulût bien commencer ; pour lui, les yeux en l'air et tournant lentement son bonnet entre ses doigts, il cherchait, mais ne trouvait pas.

Enfin d'un ton dépité : « Bah ! dit-il, je ne sais pas ; écris-lui comme si c'était pour toi. » Et il alla se promener sur le pont. Resté seul, je fis de mon mieux ; puis, quand j'allai trouver mon homme pour lui lire quatre grandes pages d'une écriture bien serrée : « Oui, c'est cela, c'est cela ! murmurait-il en riant d'un bon gros rire ; c'est ce que je voulais dire » ; et il regardait curieusement ce papier où se trouvaient exprimés des sentiments qu'il éprouvait si bien sans pouvoir les traduire.

On se doute bien que ma complaisance ne m'était pas inutile, car, si je pouvais parfois rendre quelque service à mes camarades, j'avais plus que personne besoin d'aide et de protection. Figurez-vous un malheureux jeune homme quittant à peine depuis quinze jours les bancs de son école, ses livres, ses cahiers, ses habitudes toutes littéraires, et jeté brusquement dans le monde des matelots.

Je me souviendrai toujours de la première nuit que je passai dans un hamac. On venait de faire l'appel sur le pont ; un roulement de tambour donna le signal du repos, et aussitôt tous les marins, se précipitant par les écoutilles, gagnèrent en hâte le faux-pont. En temps ordinaire et sur un navire régulièrement armé, chaque matelot a sa place fixée, son numéro et son hamac; mais là, comme il s'agissait d'une occupation provisoire, c'était à chacun de se faire sa place de s'établir où il voudrait et comme il pourrait, de se « débrouiller » en un mot, selon le terme consacré. Moi, qui ne connaissais que par ouï-dire les vaisseaux, les faux-ponts et les hamacs, j'allais me trouver bien embarrassé. Cependant j'avais suivi la foule. Je fis comme les autres, et, me dirigeant à tâtons au milieu de l'obscurité, — car on se couchait sans lumière, — j'atteignis les bastingages et m'emparai d'un hamac.

Restait à l'accrocher, mais cela dépassait mes moyens. J'avisai alors un camarade qui, déjà installé, déshabillé, couché, se balançait délicieusement près de moi, comme la belle Sarah des *Orientales*. « Eh! matelot, lui dis-je, aide-moi donc à faire mon lit. » Pas de réponse. Je réitérai ma prière. « Ah çà! s'écria tout à coup une grosse voix, as-tu bientôt fini de te moquer de moi? » En effet, comme il n'y avait là que d'anciens marins, le vieux loup de mer ne pouvait s'expliquer tant d'inexpérience. Je me hâtai de lui faire connaître ma position. Alors le brave garçon, sautant à bas sans mot dire, accrocha mon hamac en un tour de main, puis, avant que j'eusse songé à le remercier, il avait déjà repris sa place, et je l'entendis qui disait d'un ton railleur à son voisin de droite : « C'est un apprenti marin! »

L'apprenti marin, on le sait, n'est rien moins que considéré dans la marine, sa position hiérarchique est nulle; il n'existe qu'à « l'état de devenir, à l'état de peut-être », comme disent les philosophes, et il lui faut un an d'embarquement avant de s'élever au rang de matelot de troisième classe! Je remis au lendemain l'expression de ma reconnaissance, et j'essayai de dormir ; mais je n'étais pas fait encore à cette situation délicate entre terre et ciel, je ne savais pas garder mon équilibre, et, penchant tantôt à droite, tantôt à gauche, je risquais à tout moment de rouler sur le pont.

Nous ne devions plus tarder à partir pour Paris. En attendant, on nous faisait faire l'exercice. Comme de juste, ayant tout à apprendre, je fis partie des *arriérés*. En effet, ils étaient là plusieurs qui, congédiés depuis trois ou quatre ans, avaient perdu l'habitude des armes. Grâce à un instructeur qui ne reculait pas devant les termes énergiques, nous eûmes bientôt appris tout ce qu'il fallait savoir, et au bout de trois jours nous étions à même de manœuvrer avec les autres. On s'en remettait du reste aux événements pour compléter cette éducation un peu sommaire.

Sur ces entrefaites, l'ordre du départ arriva ; outre les fusiliers, il y avait avec nous des canonniers, des timoniers, des gabiers, bref, des marins de tout genre. On nous distribua des vivres pour deux jours, et un beau matin, le 26 août, si je ne me trompe, nous mîmes sac au dos. La population, prévenue, nous attendait au passage : du haut des fenêtres et des balcons, les dames nous disaient adieu de la main. Sur les trottoirs, la foule des mères et des amis cherchait à nous glisser entre deux recommandations quelque bonne bouteille de vieille eau-de-vie; mais cela n'était pas possible sous les yeux de nos officiers.

Nous traversâmes ainsi la « rue de Siam » en bon ordre, les rangs serrés ; et à peine étions-nous arrivés à la gare qu'on nous fit monter dans le train. En vain tous ceux qui nous avaient accompagnés jusque-là se pressaient-ils autour des barrières, en vain s'efforçaient-ils de violer la consigne pour se mêler à nous ; chacun en fut quitte pour retourner chez lui, emportant ses bouteilles et ses provisions. C'était là le premier effet de cette sévère discipline qui devait être notre plus grande force et distinguer le corps des marins entre toutes les autres troupes de l'armée de Paris.

On comprend dès lors que notre voyage ait pu s'accomplir sans accident. Trop souvent les convois de militaires offrent le spectacle honteux d'une foule d'hommes ivres, n'ayant plus aucun respect de leur uniforme ; grâce à la tolérance des chefs, le jour du départ devient une occasion de débauches, le prétexte de chants ignobles et de libations immodérées. Comment la discipline n'en souffrirait-elle pas ?

Nous arrivâmes à la gare Montparnasse le 27 août au matin ; un brigadier des gardes de Paris attendait là pour nous conduire au fort d'Ivry, qui nous était assigné ; nous fîmes la route tout d'une traite, et à dix heures du matin nous défilions, clairons en tête, sous la poterne du fort.

On se rappelle dans quel état se trouvaient alors les fortifications de Paris. Les talus s'abaissaient en pente douce jusque dans les fossés ; l'herbe y poussait drue et moelleuse ; de petits sentiers rustiques serpentaient le long des courtines, offrant aux promeneurs des chemins tout tracés. Là venait s'ébattre chaque dimanche la population ouvrière des faubourgs. Pendant l'été, couchés sur le gazon, les petits bourgeois de la rue du Temple ou du quartier Saint-Denis se plaisaient à consommer en famille le poulet froid et le pâté traditionnels. Des ormeaux et des marronniers agréablement plantés en quinconce prêtaient à ces festins champêtres leur ombre tutélaire. De loin en loin, et comme pour compléter le tableau, quelques pièces de canon, — ancien modèle, — allongeaient au-dessus des bastions leur gueule inoffensive.

Il s'agissait de changer tout cela. Le soir même de notre arrivée, on se mit à l'ouvrage ; un millier de marins venus de Toulon nous avaient précédés de quelques jours dans le fort; la garnison s'élevait donc à près de 1,500 hommes. On nous partagea en trois *bordées* ; tandis que les uns montaient la garde à la poterne et sur les murailles, les autres maniaient la pelle et la pioche, ou déchargeaient des munitions. Au bout de quelques jours, le fort offrait un tout autre aspect : les arbres avaient été coupés au pied, les talus taillés à pic s'élevaient infranchissables; sur les courtines, des sacs à terre, disposés trois par trois en forme de créneaux, garantissaient la tête des tirailleurs; les bastions, aménagés avec art, étaient percés de nouvelles embrasures; les poudrières se trouvaient à l'épreuve de la bombe; et d'énormes pièces de marine, hissées à force de bras, venaient avantageusement remplacer ces vieux canons, œuvres d'art, bijoux de bronze, plus jolis que méchants.

En même temps on palissadait les fossés, et des torpilles étaient semées aux alentours du fort; des planches garnies de clous, puis recouvertes d'une faible couche de terre, devaient briser, en cas d'attaque, l'élan des assiégeants, et complétaient notre système de défense.

Partout, sur toute la ligne des forts du sud, même hâte, même activité. Montrouge, multipliant les travaux, s'efforçait de combattre les désavantages de sa position, et Bicêtre, pour se couvrir, jetait en avant de ses batteries, sur le plateau de Villejuif, les redoutes des Hautes-Bruyères et du Moulin-Caquet.

A vrai dire, il n'y avait pas de temps à perdre. Les événements se précipitaient avec une logique impitoyable. L'impuissance de nos deux armées, coupées l'une de l'autre, l'abandon des défilés des Vosges et de la vallée de la Marne, rendaient de plus en plus probable un siège de Paris. La nouvelle du désastre de Sédan ne fit qu'activer encore notre ardeur et notre énergie.

Le 3 septembre, ordre nous avait déjà été donné de coucher tout habillés, le fusil à portée de la main et la baïonnette au bout du canon, afin d'être prêts à toute alerte ; pour ma part, je ne devais plus quitter mes vêtements avant le 30 janvier, jour de notre rentrée dans Paris après l'armistice. Bientôt arrivèrent les premières troupes du corps de Vinoy.

On oublie trop, quand on critique les appréhensions du gouvernement de la Défense nationale et son inaction durant les deux premiers mois, l'état profond de détresse où se trouvait ce malheureux corps d'armée, qui était pourtant à cette heure notre plus ferme appui. Arrivé trop tard pour la bataille, il était déjà en fuite avant d'avoir pu même tirer un coup de fusil. En grande partie composé de jeunes recrues ou d'hommes tirés des dépôts, il n'avait pas et ne pouvait avoir cette cohésion, cette solidité nécessaire plus que jamais en face d'un ennemi victorieux.

De plus, les fuyards de toute sorte, les maraudeurs et les trainards de l'armée de Sedan multipliaient dans ses rangs les éléments du désordre et de démoralisation. C'était plus qu'une retraite, c'était presque une déroute. Tous les corps et tous les uniformes se trouvaient confondus : il y avait là des zouaves en képi, des fantassins sans armes et des cavaliers démontés ; ils marchaient à la débandade, sales, déguenillés ; beaucoup de ces hommes étaient ivres, quelques-uns avaient pillé en route, et ne se cachaient pas pour montrer le fruit de leurs rapines : des habits bourgeois, jusqu'à des robes de femmes.

C'est alors qu'un officier supérieur, un commandant, je crois, vint à passer près de nous, hâve, poudreux, désespéré, et, remarquant un de nos officiers qui contemplait à l'écart ce lamentable spectacle : « Capitaine, lui dit-il gravement, on a vu certes des choses bien tristes jusqu'ici ; on en verra de plus tris-

On commençait à signaler leur présence dans les villages autour de Paris; ils avaient tué des femmes, enlevé des chevaux et pillé des maisons.

tes encore ! » Puis il continua sa route, nous laissant tous effrayés de cette prédiction sinistre que l'avenir devait en quelque sorte prendre à tâche de justifier.

A peine le corps de Vinoy était-il rentré dans Paris, que déjà les uhlans arrivaient. Le soldat prussien, on l'a dit, n'est pas très brave personnellement ; il marche par grandes masses, pour obéir à la consigne, mais sans enthousiasme et sans élan. Il faut faire cependant une exception pour les uhlans, ces hardis cavaliers, qui à deux ou trois s'aventurent audacieusement en pays ennemi, et, sans autre arme qu'une lance trop longue et un mauvais pistolet d'arçon, éclairent la marche de leur armée. On commençait à signaler leur présence dans les villages autour de Paris ; ils avaient tué des femmes, enlevé des chevaux et pillé des maisons.

Bientôt nous pûmes les voir de nos yeux : ils accouraient par petites bandes, au grand galop de leurs chevaux maigres, s'arrêtaient tout à coup la lance au poing, regardaient un moment à droite et à gauche d'un air effaré, puis repartaient comme des flèches. Parfois ils s'aventuraient ainsi jusque sous les murs du fort à portée de fusil.

Un jour, notre commandant remarqua dans la plaine trois uhlans qui, comme pour le braver, considéraient curieusement les glacis du fort : ils n'étaient pas à huit cents mètres. Le commandant se retourna, et, frappant sur l'épaule d'un fusilier : « Démonte-moi donc un de ces coquins », lui dit-il. L'homme saisit son fusil, épaula, visa, le coup partit, un des uhlans tomba, et les deux autres prirent la fuite. Alors le commandant se mit à rire : « Un de moins, murmurait-il en se frottant les mains, un de moins ! » Ce commandant était M. Krantz, capitaine de vaisseau. Mathématicien par goût, il cache sous les dehors d'un bon bourgeois l'un de nos officiers les plus instruits et les plus distingués. Du reste, on n'a qu'à l'approcher pour reconnaître aussitôt un homme supérieur : à mesure qu'il parle, sa figure semble s'éclairer ; les traits, un peu forts, un peu lourds, prennent une expression charmante de finesse et de raillerie ; le front, large et haut, se déride ; l'œil, tout petit, pétille sous la paupière épaisse.

Où il fallait le voir surtout, c'est lorsqu'on signalait à l'horizon un convoi ou des régiments ennemis passant sur la route de Choisy-le-Roi. Alors un éclair de joie illuminait son visage ; il faisait pointer les pièces, et, tant que durait l'action, il restait près des canonniers, jugeant lui-même des coups, applaudissant aux uns, rectifiant les autres. Ces jours-là, on pouvait dire que le commandant Krantz dînerait de bon appétit.

Lorrain de naissance, il haïssait les Prussiens d'une haine profonde ; la vue d'une sentinelle prussienne l'irritait au dernier point, et il n'était pas tranquille qu'il n'eût balayé l'horizon. Il s'était fait construire sur le bastion principal un poste d'observation et de commandement, une sorte de terrasse, quelque chose comme la dunette à bord d'un navire. Que de fois l'avons-nous vu braquer de cet endroit sa longue lunette marine, cherchant partout sur qui frapper !

Quelques jours après la capitulation de Paris, un officier d'artillerie que j'ai connu s'était rendu dans les lignes prussiennes, chargé d'une douloureuse mission. Il avait à rendre la batterie de mitrailleuses qu'il commandait pendant le siège. Par un heureux hasard, il eut affaire à un colonel prussien qui, contre l'habitude de ses compatriotes, était vraiment galant homme. On put causer, et comme l'entretien roulait sur les divers engagements qui avaient eu lieu dans les environs :

« A propos, dit l'Allemand, connaissez-vous le commandant du fort d'Ivry ? Pourriez-vous me dire son nom ? Il nous a fait bien du mal, cet homme ; nous l'appelions *le ravageur*. »

On comprend par là quels furent le désespoir et la douleur du commandant Krantz quand on nous signifia l'armistice. Il nous fallait rendre nos forts, rendre nos armes, et, bien que le gouvernement s'efforçât de cacher jusqu'au dernier jour les conditions désastreuses de cet arrangement, nous pouvions prévoir que l'Alsace et la Lorraine seraient le prix d'une paix devenue inévitable. Je vis M. Krantz revenir de Paris après la séance où avaient été convoqués les commandants des forts et autres officiers supérieurs de l'armée pour entendre officiellement de la bouche de M. Jules Favre les exigences du comte de Bismarck. Blessé cruellement dans ses affections les plus chères, dans ses sentimens de Français et de soldat, il allait seul, à pied, le front baissé, murmurant entre ses lèvres des paroles inintelligibles.

Arrivé au fort d'Ivry, dans ce fort qu'il avait fait si redoutable, dans ce fort dont pas une pièce n'était démontée, pas une pierre entamée, pas un terrassement démoli, il brisa son sabre de rage et arracha les galons de sa casquette ; mais la réflexion le rendit plus calme. Sur un navire en détresse, le commandant reste à bord le dernier et donne ses ordres jusqu'au bout : le lendemain, M. Krantz avait repris les insignes de son grade.

Suivant de près leurs éclaireurs, les armées allemandes étaient arrivées devant Paris, et avaient pris place successivement à Pierrefitte, à Chelles, à Athis ; bientôt le cercle fut complet. Déjà un décret du gouvernement avait enjoint aux habitants des communes suburbaines d'avoir à rentrer dans la ville avec leurs grains et leurs bestiaux. Le siège commençait.

Les premiers jours de notre arrivée, à l'heure de la retraite, tambours et clairons sortaient du fort et traversaient dans toute sa longueur le petit village d'Ivry pour rentrer au bout d'un quart d'heure ; peu à peu, à mesure que se rapprochait l'ennemi, les sons aussi se rapprochèrent : nos clairons s'écartaient de moins en moins, et c'était quelque chose de poignant que de sentir ainsi chaque jour le lien de fer se resserrer autour de nous.

D'abord on s'arrêta au milieu du village, puis on se contenta de parcourir deux ou trois rues ; enfin on ne dépassa plus la poterne, et la retraite fut sonnée dans la cour même du fort. Néanmoins nous ne craignions pas de pousser au loin des reconnaissances et d'affronter l'ennemi ; tantôt, fusil en bandoulière, pelle et pioche à la main, nous partions cueillir les légumes et chercher sous le feu des Prussiens la récolte que les paysans n'avaient pas eu le temps de rentrer, car la question des vivres commençait à préoccuper les esprits ; tantôt, armés de haches, nous abattions les maisons et les arbres qui masquaient le tir de nos batteries.

D'autres fois encore, avec deux pièces de douze, nous allions jusque dans Vitry reconnaître les barricades et les premiers travaux de l'assiégeant ; les obus du fort fouillaient la route devant nous. C'est ainsi que notre temps s'écoulait, utilement employé pour la défense et pour l'attaque.

Ici se placent les premiers combats livrés devant les murs de Paris, l'un entre autres, le plus important, bien connu dans l'histoire du siège sous le nom de combat de Châtillon. Un engagement sérieux avait déjà eu lieu sous nos yeux près de Villejuif. L'action, du reste, n'eut pas seulement pour théâtre le plateau qui domine la vallée de la Bièvre, plateau dont la perte devait avoir pour nous de si funestes conséquences ; elle s'étendit à toute la rive gauche de la Seine, et les forts du sud, depuis Issy jusqu'à Charenton, purent y prendre part.

Je n'ai pas l'intention de raconter l'une après l'autre les différentes affaires auxquelles j'ai assisté. Ces récits de bataille se ressemblent tous : en outre, le simple soldat est aussi mal placé que possible pour voir et pour juger. Comme on l'a dit, celui qui fait la guerre ne saurait en parler. Chaque combattant est isolé pour ainsi dire ; du moins ignore-t-il ce qui se passe à cinquante pas de lui. Plus d'une fois nous apprimes par les journaux du lendemain, non seulement les détails, mais le résultat même d'une affaire dont nous avions été les acteurs ou les témoins : ainsi pour ce combat de Châtillon, où toute la journée nous crûmes de bonne foi que l'avantage nous était resté.

Je me bornerai à dire simplement mes impressions et celles de mes camarades. C'était la première fois que nous entendions les mitrailleuses ; je l'avouerai, nous fûmes émus. Rien de plus épouvantable en effet que ce bruit rauque et persistant qu'on a justement comparé au bruit d'une toile qui se déchire, ce crépitement sonore qui domine tout le tumulte de la bataille, et qui, lorsqu'on l'a entendu une fois, ne peut plus s'oublier.

Au moins le canon a-t-il quelque chose de grand, de majestueux, et la mort, quand elle se présente ainsi, semble moins effrayante ; mais cet odieux instrument de massacre, cette petite roue qui tourne en crachant des balles, cette machine qui fauche les hommes méthodiquement, par coupes réglées, comme la faucheuse à vapeur couche l'herbe dans les prairies, la mitrailleuse fait peur. Je n'ai pas vu de soldat, même à la fin de la campagne, qui se fût habitué à ce bruit affreux, et qui, en l'entendant, ne se sentît le cœur tristement serré.

L'échec de Châtillon dévoila leur faiblesse aux Parisiens, trop confiants. Évidemment, avant de faire à nouveau une tentative qui eût quelques chances de succès, il fallait, en présence de l'ennemi, organiser une armée, créer une artillerie, fabriquer des armes et des munitions. La tâche était ardue, compliquée, immense. Paris ne la crut point au-dessus de ses forces.

Malgré sa légitime impatience, il consentit à différer cette attaque décisive sur laquelle tout le monde comptait encore pour percer les lignes prussiennes et opérer une jonction avec les forces de la province. Bourgeois et ouvriers, tous se mirent à l'œuvre avec une activité fébrile, et, telle qu'autrefois Carthage assiégée par les Romains, la ville devint en quelques jours un immense atelier où s'organisa la défense, terrible et savante, comme l'était l'attaque.

Chez nous cependant, on redoublait de vigilance ; chaque nuit, cinq cents hommes montaient la garde sur les remparts. Combien d'heures ai-je passées ainsi, le fusil au bras, les yeux fixés sur l'horizon, tandis que ma pensée s'égarait en mille détours ! Un soir, il m'en souvient, j'étais de faction à l'extrémité du bastion qui regarde Paris : toute la rive gauche, avec ses maisons et ses monuments, s'étendait à mes pieds ; une sorte de brouillard lumineux montait de la grande cité comme d'une fournaise, en même temps qu'un long murmure vague où se mêlaient le bruit des voix, le roulement des voitures, le fracas des machines. Par intervalles, un sifflement aigu déchirait l'air, et le chemin de fer de Ceinture passait, portant des vivres et des munitions, la nourriture des hommes et la pâture des canons.

Une longue ligne de lumières, se détachant sur un fond sombre, marquait le cours de la Seine et le quai de Bercy. En face, au loin, sur les hauteurs, à Villeneuve-Saint-George, à Chevilly, à Thiais, des lumières brillaient aussi ; mais c'étaient les feux prussiens, et mon cœur se gonflait de rage quand je songeais à l'insolent ennemi qui nous tenait ainsi bloqués.

En ce moment, le vent m'apporta le tintement lointain d'une cloche qui sonnait minuit. Je reconnus l'horloge de St-Étienne, je la reconnus entre toutes : bientôt en effet de tous les édifices publics, de tous les couvents, de tous les clochers, partit un furieux

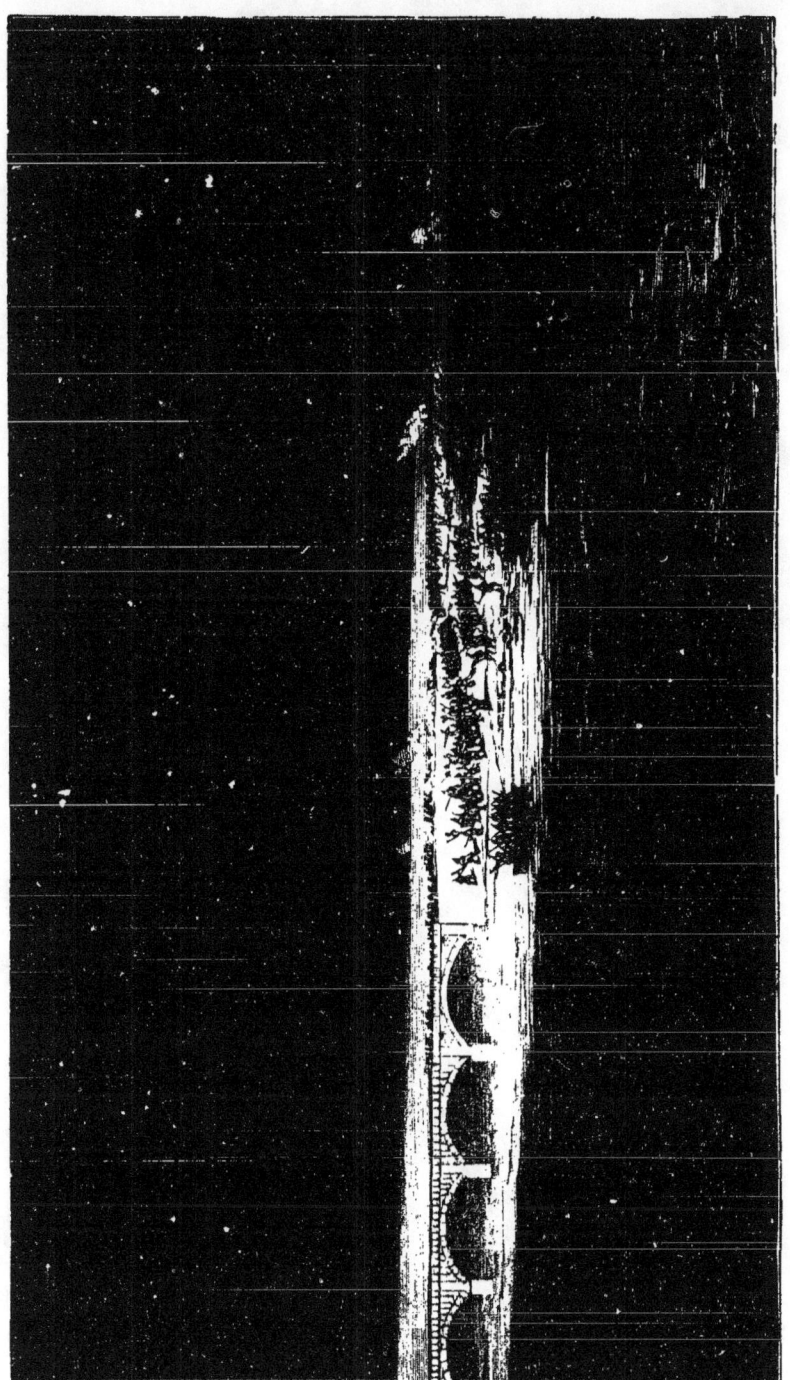

La lumière électrique pendant le siège de Paris.

concert d'horloges sonnant l'heure à leur tour ; mais nulle n'avait la voix grave et douce, un peu lente, de la cloche de St-Étienne, cette voix que j'aimais pour l'avoir entendue si souvent. Maintenant ses accents m'arrivaient encore, mais j'étais devenu soldat ; la France était vaincue, notre sol envahi, Paris assiégé, affamé, et les Prussiens campaient à 3,000 mètres de la rue Soufflot.

Tous les forts avaient été munis de feux électriques pour surveiller l'approche de l'ennemi, car nous pouvions nous demander encore si les Prussiens ne tenteraient pas d'entrer dans Paris par surprise. Les appareils étaient confiés aux soins de timoniers expérimentés ; on s'en servait pendant les nuits sans lune. La lumière, projetée à 2,000 mètres, courait d'un endroit à l'autre, s'arrêtait un moment, et partait de nouveau pour éclairer toute la campagne dans ses moindres détails : arbres, taillis, maisons, se détachaient nets et précis au passage de cette clarté soudaine ; les rayons lumineux décrivaient sur le sol un angle infini qui allait toujours en s'élargissant à mesure qu'ils s'écartaient du foyer ; dans l'air, à travers l'obscurité silencieuse de la nuit, glissait une longue traînée blanche où montaient, descendaient, tourbillonnaient en foule de petits points brillants, impalpable poussière. On eût dit, prodigieusement agrandi, un de ces rayons de soleil qui, filtrant furtivement par les fentes des volets disjoints, percent les ténèbres d'une chambre obscure ; mais la lumière était ici plus pâle, plus mate, presque glaciale, avec des tons argentés assez semblables au reflet de la lune.

Parfois, de deux forts voisins, les feux se rencontraient et se croisaient comme des éclairs, l'œil en était ébloui. Au loin, ces flammes vagabondes, sautillant par la plaine, faisaient l'effet de feux follets.

Du reste, nos vaillants canons de 30 se chargeaient, eux aussi, d'assurer notre défensive ; il n'y avait pas de nuit où le fort d'Ivry n'envoyât plusieurs bordées sur les positions ennemies. Seulement, pour ne pas gaspiller la poudre, nos officiers avaient soin de pointer leurs pièces d'avance. Chaque soir, on choisissait un but bien déterminé, — c'était telle maison où l'on supposait que les Prussiens étaient établis, — et on attendait la nuit. Tout à coup, à un signal donné, douze bouches à feu partaient à la fois, et les obus, déchirant l'air, allaient éclater en un même point; le lendemain, la maison criblée, éventrée, percée à jour, n'était plus qu'une ruine.

Voulait-on de nouveau charger les canons et réitérer l'expérience, — de petits morceaux de bois soigneusement encochés donnaient la distance exacte des principaux repères; en les appliquant à la pièce, on pouvait viser à coup sûr, changer la direction ou s'en tenir au même but. A chaque bordée, le fort tremblait jusque dans ses fondements; mais nous étions faits à ce bruit, notre oreille ne s'en étonnait plus, et, lorsqu'une fois nous étions endormis dans nos casemates, les détonations les plus formidables ne parvenaient pas à nous réveiller.

Au milieu de tant de travaux et de préoccupations diverses, il nous restait peu de temps pour les distractions. Nos marins pour la plupart ne connaissaient de Paris que ce qu'ils en avaient vu en venant au fort, le boulevard Montparnasse et la barrière d'Italie; mais, tandis que chaque jour des milliers de soldats, mobiles ou autres, se promenaient sur les boulevards ou dans les rues de la ville, c'est à peine si quelques matelots pouvaient obtenir une permission.

Heureux celui sur qui tombait cette faveur! Celui-là partait chargé des commissions de tous ses camarades, et le soir il nous revenait avec une cargaison complète de couteaux, de pipes et de paquets de tabac. Il y avait chez les marins une expression charmante pour désigner les permissions; on ne disait pas : *aller à*

Pour ne pas gaspiller la poudre, nos officiers savaient soin de pointer leurs pièces d'avance.

Paris, on disait : *aller à terre !* En effet, ces braves gens se considéraient dans le fort comme à bord d'un navire, et peut-être cette idée leur rendait-elle la résignation plus facile. Il n'est pas rare pour eux de rester un an entier sans toucher la terre, et tel a passé six mois en rade même de New-York qui n'a jamais mis les pieds dans la ville.

On se consolait en jouant : le jeu, du reste, n'était permis que le dimanche, et c'est le loto qui, à tout prendre, avait les préférences du matelot. Le dimanche donc, aussitôt après la messe, des groupes impatients se formaient dans la cour ; les possesseurs de cartons cherchaient une place commode à l'abri du vent, et alors commençaient des parties interminables à peine, interrompues par l'heure des repas. De quelque côté qu'on se dirigeât, on entendait partout crier des numéros, suivis chacun d'une phrase ou d'un mot caractéristique, car les marins ont modifié à leur usage les litanies habituelles du noble jeu de loto.

La nuit venue, on serrait soigneusement les cartons et les boules, et tout était fini jusqu'au dimanche suivant. Nous avions, il est vrai, d'autres amusements Ainsi le soir, après la retraite, lorsque, retirés dans nos casemates, nous avions pris place sur nos hamacs, quelque conteur prenait la parole, et cherchait à tromper par ses récits naïfs les longues heures de la veillée. Que vous dirai-je ? C'étaient toujours des contes de fées dont la trame se déroulait capricieusement à travers un dédale d'aventures fantastiques. On l'a remarqué souvent, les hommes simples sont, comme les enfants, avides du merveilleux ; il semble que leur esprit, mécontent de la réalité, cherche dans le pays du rêve un monde à sa convenance, un monde où tout soit plus beau : l'illusion tout à la fois les charme et les console.

Sorties du cerveau fécond de quelque matelot digne émule de nos romanciers, ces histoires avaient vu le jour en mer pendant une traversée, au milieu d'un cercle attentif de naïfs auditeurs ; la mémoire fidèle les avait précieusement recueillies, puis transmises à d'autres conteurs. Passant ainsi de bouche en bouche, elles s'étaient enrichies à mesure d'une foule de détails nouveaux, et, comme dans les écrits du vieil Homère, on pouvait distinguer sur le canevas primitif la trace de ces interpolations successives.

Cric ! s'écriait tout d'abord celui qui demandait la parole, et, s'il s'exprimait couramment, si ces histoires étaient intéressantes, si la princesse, après mille traverses, mille persécutions subies, parvenait à épouser un petit matelot de Toulon, les camarades en chœur répondaient *crac !* — Le récit commençait alors, attachant, émouvant, terrible, semé de précipices, de sorcières et de bêtes féroces. Les deux amants se perdaient, se cherchaient, se retrouvaient, puis se perdaient encore. C'étaient des courses effroyables par monts et par vaux, sur terre et sur mer, une lutte engagée contre tous les éléments.

De temps en temps, pour constater l'attention de son auditoire, le conteur s'arrêtait tout à coup et lançait un *cric* interrogateur. — *Crac !* répondait-on bien vite, et l'histoire continuait.

Plus d'une fois, je l'avoue, rassuré d'avance sur le sort des deux héros, je m'endormis avant la fin, alors que la princesse était encore ballottée par les flots, non loin des îles du Cap-Vert, ou égarée en robe de soie dans les *brousses* du Nouveau-Monde ; mais les marins étaient insatiables : immobiles, la bouche et les yeux grands ouverts, ils écoutaient jusqu'au bout, et quand, en guise de conclusion, le conteur lançait une dernière fois le *cric* traditionnel, il n'y avait pas de voix, si ce n'est la mienne peut-être, qui ne le remerciât d'un *crac* énergique. *Cric ! crac !* cinq minutes après, tout le monde était endormi.

Cependant, en dépit des agréments du loto, de la faconde de nos conteurs et du charme de leurs récits, cette vie monotone, cette claustration nous pesaient. Je m'étais lié avec un des hommes de ma compagnie, qui s'appelait Kerouredan. Imaginez un grand garçon de près de six pieds, robuste et fort à proportion, aux épaules larges, à la démarche houleuse, à l'air martial et bon enfant tout ensemble. Toujours des premiers à l'ouvrage, il abattait un arbre en trois coups de hache, et construisait un épaulement en un tour de main.

Cette supériorité physique, hautement constatée, le rendait parfois un peu vain, et comme un jour, épuisé de fatigue, j'avais laissé tomber le sac à terre que je portais au rempart dont on complétait les défenses, lui, éclatant de rire, se mit à railler grossièrement ce qui était impuissance, mais non paresse ou mauvais vouloir. Je me fâchai, je lui reprochai ses railleries peu généreuses ; il comprit qu'il avait tort, et à dater de ce jour nous fûmes *une paire d'amis*.

Souvent, quand nous étions de garde aux bastions, je me plaisais à le faire causer sur sa vie passée, sur ses voyages, sur ses campagnes. Il parlait simplement, lentement, par poses, d'une voix un peu triste qui allait au cœur.

— « Tiens, vois-tu, me disait-il, je m'ennuie ici... Moi, ça me gêne quand je ne vois plus la mer. Il me manque toujours quelque chose. Ah ! là-bas, au pays, il fallait travailler davantage ; on n'avait pas toujours comme ici ses trois repas assurés. Nous partions à la brune, à trois ou quatre, dans nos petites barques ; nous passions toute la nuit en mer sous la pluie, sous le vent, seulement garantis par notre *suroit*, occupés à tirer sur nos filets, les doigts si glacés parfois qu'ils nous refusaient le service. Encore, si l'on avait pris du poisson à coup sûr ! mais il y avait des jours où nous ne faisions rien, absolument rien. Bast! au matin on buvait un bon verre d'eau-de-vie, et la fatigue s'en allait, il n'y paraissait plus.

« D'ailleurs, à certains jours, nous faisions bonne pêche. Une fois, un patron de Paimpol, deux camarades et moi, nous avons pris vingt-sept mille sardines en moins de deux jours. Et puis, le dimanche, je restais à la maison. Je suis de Douarnenez, et notre maison donne sur la plage. Moi, je couchais en haut; le matin, j'ouvrais ma fenêtre, et la bonne odeur de la mer montait jusqu'à moi; je voyais de mon lit les bateaux de pêche amarrés dans le port, avec leurs voiles repliées et leur large coque noire que le flot remuait petit à petit à la marée montante. Je les connaissais tous par leurs noms : ça me faisait plaisir; tandis qu'ici, tiens, regarde comme c'est laid. »

Et il me montrait du doigt la plaine désolée qui s'étendait devant nous.

Pas une voix, pas un cri : les populations avaient fui devant l'invasion. Sur le bord des routes désertes, des amas de décombres jonchaient la terre : c'étaient les maisons que nous avions démolies pour dégager le tir du fort; çà et là, de grands arbres abattus, avec leur feuillage desséché, faisaient sur le sol de larges taches sombres. A droite s'élevait le plateau de Villejuif, aride, poudreux, pelé, horrible à voir. A gauche, une petite traînée verte permettait seule de distinguer le cours de la Seine, déserte elle aussi.

Non loin de là courait la ligne du chemin de fer d'Orléans, sablée de sable jaune, avec sa double rangée de rails, où depuis plus d'un mois les trains ne passaient plus. L'atmosphère était brûlante : les derniers rayons d'un soleil d'automne, tombant du haut d'un ciel sans nuage, éclairaient de leur lumière crue, qui faisait mal aux yeux, cette scène de mort et de désolation.

— « A propos, reprenait-il, je voudrais bien savoir ce que deviennent les autres là-bas, la petite sœur et la vieille, maintenant que je n'y suis plus ; ça doit aller mal, je pense, et il leur faut travailler double. Ah ! c'est que tout le monde travaille chez nous. Dans la mauvaise saison, en hiver, quand les bateaux ne peuvent pas sortir pour la pêche, on va chercher du goëmon, et les femmes s'en mêlent, elles aussi. Ce goëmon, on le fait brûler, et la cendre sert à fumer les terres.

« Pauvres femmes ! il faut les voir travailler toute la journée, à peine couvertes d'un méchant chiffon de toile, ayant de l'eau jusque sous les bras. Quand elles reviennent, elles ont le corps tout noir de froid, comme ceux qui meurent du *vomito*...

« Le vomito, j'en parle, moi, parce que je l'ai vu. J'ai passé quatre ans au Mexique, dix-huit mois dans les Terres-Chaudes, où je faisais partie des contre-guérillas ; j'étais venu sur le *Masséna*. En ai-je vu mourir des camarades ! Ils s'en allaient par douzaines. Je tombai malade comme les autres, mais je parvins à m'en tirer. Ah ! dame ! en arrivant, je trouvai du nouveau à la maison. Trois de mes frères étaient morts. C'est que nous étions neuf enfants d'abord, huit fils, tous forts et grands, tous marins, et une fille ; j'étais le plus jeune avec ma sœur. Deux sont morts en Crimée, trois pendant mon absence ; les deux derniers moururent quelque temps après de maladie à moins de trente-cinq ans, et, moi, je restai seul avec la sœur et les vieux.

« Le père, lui, ne peut plus aller en mer. Nous n'avons pas de barque, et à la saison des pêches je me mets au service d'un patron. Enfin le ménage allait tant bien que mal, parce que j'étais là. Aussi, quand j'ai appris que ceux de ma classe étaient levés pour a guerre, je suis devenu furieux. J'ai couru chez le commissaire avec des camarades : je voulais le jeter à l'eau. — Mais, Jean-Marie, me dit-il, ce n'est pas moi qui te fais partir, c'est la loi. Je sais que tu es un brave garçon, — qui a toujours fait son devoir. Allons, du courage ! Tiens, voilà vingt francs pour t'amuser un peu. — Je pris les vingt francs, et nous allâmes boire à la ville. C'est égal, j'étais bien triste. Enfin maintenant m'y voilà ; je me battrai bien, je te jure, les balles ne m'ont jamais fait peur ; seulement, c'est plus fort que moi, je m'ennuie ici, sans la mer ! »

Hélas! le pauvre garçon ne devait plus revoir jamais cette mer qu'il aimait tant. A la sortie du 30 novembre, Kerouredan faisait partie des marins chargés de jeter les ponts sur la Marne. Il tomba frappé d'une balle en même temps que l'enseigne qui commandait le détachement. La blessure était grave; on le porta à l'hôpital, où il languit quelques jours; il put apprendre encore que la médaille militaire lui était décernée, et ce fut tout. Douloureuse histoire, n'est-il pas vrai, que celle de cette famille qui comptait huit jeunes hommes autrefois, et qui, sans marchander, en a sacrifié trois pour le pays ! Qui donc nourrira *les vieux* maintenant?

Mais déjà l'opinion publique réclamait une nouvelle sortie. Quoi qu'on puisse dire de ses talents militaires, le général Trochu était un excellent organisateur. En quelques jours, aidé du reste par la population parisienne, qui à ce moment le soutenait tout entière, il avait créé la défense. Tout s'était fait comme par enchantement : des canons, nous en avions, et des fusils aussi, et de la poudre, et presque des soldats ; l'enceinte et les forts étaient inabordables. Désormais Paris se trouvait à l'abri d'un coup de main ; il s'agissait de le débloquer.

C'est alors qu'on eut l'idée de former avec les marins des forts trois bataillons de marche de 600 hommes chacun ; les canonniers restaient au service des pièces. On prit, comme de juste, les fusiliers brevetés, les meilleurs du moins. Peu nombreux, mais solides, ils devaient plus que personne aider à

Le général Trochu.

la fameuse *trouée*. Je demandai à en faire partie. Ma pétition suivit la voie hiérarchique, allant du capitaine au commandant, du commandant à l'amiral, et fut en dernier ressort agréée. Par une particularité curieuse, je me trouvais être le seul engagé volontaire dans ce corps d'élite

II

Former avec les marins des bataillons de marche; c'était reprendre l'idée de Napoléon Ier. Lorsqu'en 1815, au retour de l'île d'Elbe, l'empereur appelait à lui contre l'Europe coalisée tout ce qu'il pouvait encore trouver de force et d'énergie au cœur de la nation, un décret parut dans le *Moniteur*, ordonnant de vider immédiatement les vaisseaux, et de jeter à terre, sous le nom de *régiments de haut-bord*, les équipages de la flotte. Profitant des embarras de son plus terrible ennemi, le parti vendéen avait de nouveau pris les armes au nom du roi dans tout l'ouest de la France. On lui opposa les régiments du hautbord, et les *blancs* durent convenir que jamais, sans oublier même les Mayençais de Kléber, ils n'avaient rencontré d'adversaires aussi redoutables.

Leur mépris du danger, leur force physique, l'espèce d'irrégularité qu'ils mettent dans leurs marches et leur façon de combattre, tout, jusqu'à cet instinct du matelot qui le porte à flairer sans cesse autour de lui et à renverser aussitôt l'obstacle qui s'oppose à sa curiosité, rendait nos marins admirablement propres à une guerre de coups de main, telle qu'on la pratiquait alors en Vendée.

A cinquante ans de distance, au siège de Paris, les mêmes qualités devaient trouver leur emploi contre un ennemi comme les Prussiens, qui percent les maisons de créneaux, s'abritent dans des trous, évitent autant que possible la lutte corps à corps, et semblent en toute occasion compter bien plus sur la ruse que sur le courage. Nul mieux que les marins ne savait déjouer leurs stratagèmes, nul avec plus de résolution sauter dans les tranchées, escalader les murs, ou enfoncer à coups de crosse des maisons.

On les a vus souvent à l'œuvre, à Choisy-le-Roi, à Clamart, au Bourget. Ils remplaçaient les zouaves, nos zouaves morts à Frœschwiller. Le fort de Bicêtre fournit un bataillon à lui seul, 600 hommes; Ivry et Montrouge, 300 hommes chacun : ce fut le 2e bataillon. Quant au 3e, il fut tiré des forts de l'est, Noisy, Rosny, Romainville : celui-là s'est fait hacher au Bourget.

Mais notre équipement, bon seulement pour les forts, ne suffisait plus au nouveau rôle que nous étions appelés à jouer. Successivement nous reçûmes le sac de marche, *l'as de carreau*, comme disent les militaires dans leur langage figuré, puis la capote, la longue capote grise des mobiles et des soldats, destinée à nous confondre avec eux, — car le grand col bleu, beaucoup trop reconnaissable, risquait d'attirer sur nous l'attention particulière d'un ennemi qui ne nous aimait pas, — et en dernier lieu la peau de mouton, si utile contre le froid : on la mettait sous la capote.

Je me suis laissé dire qu'il fallait autrefois six mois pour préparer les peaux de mouton en leur conservant la laine ; la nécessité aidant, on trouva le moyen de les préparer en huit jours, et la malheureuse bête était à peine mangée que sa peau, travaillée, blanchie, nettoyée, allait sur le dos de quelque brave soldat monter la garde aux bastions ou dans les tranchées. Nous fûmes les premiers à qui

Les marins au Bourget.

l'on donna ce vêtement d'un nouveau genre; la distribution se fit à Bicêtre. Au retour, les marins s'amusaient à imiter le cri du mouton. Terribles moutons, et qui n'en avaient vraiment que la peau !

A ce sujet, dût notre prestige en souffrir un peu, je dois rectifier une erreur trop aisément accréditée. Sur la foi des journaux, l'imagination populaire se plaît à nous figurer courant à l'ennemi, la hache d'abordage à la main. Or nous n'avions pas d'autres armes que la baïonnette et le chassepot. Nous nous servions bien des quelques haches pour la cuisine et des haches pour couper le bois qu'on nous avait données au départ, mais toutes les fois que nous chargions, c'étaient en vrais Français : *à la fourchette* !

En même temps que nous quittions les forts, de nouveaux chefs étaient venus se mettre à notre tête. Mon bataillon, le 2e, avait pour commandant M. Desprez, tué plus tard devant nous à la seconde attaque de la Gare-aux-Bœufs. Je le vois encore, tel qu'il nous apparut la première fois, avec son air sévère, ses traits secs, sa haute taille, sa longue redingote bleue boutonnée et serrée au corps, des bottes qui lui montaient jusqu'à mi-jambe et le faisaient paraître plus grand encore. Quand il brandissait son épée, on eût dit un géant.

Nous étions arrêtés au bas du fort de Bicêtre, sur le versant occidental du plateau de Villejuif. De là, nous découvrions la chaîne de hauteurs qui couvre le sud de Paris : Montrouge, Vanves, Issy, et tout en face Châtillon, celle-ci aux Prussiens. La vue s'étendait jusqu'au Mont-Valérien, dont les arêtes semblaient se fondre à l'horizon; par intervalles, une fumée blanche s'élevait au-dessus de sa crête, et l'écho lointain nous apportait le bruit de la détonation.

L'ennemi ne répondait pas; mais il était là, nous le savions, au Fort-à-l'Anglais, au Moulin-de-Pierre, et ce silence semblait plus terrible encore que la voix du canon. Le commandant Desprez s'était placé au milieu du bataillon, formé en carré; d'une voix mâle et forte, il nous disait notre devoir, ses recommandations et ses espérances. « Montrez-vous, disait-il, dignes de votre ancienne réputation et de la confiance que Paris met en vous. Il ne doit y avoir ici que des braves ; le bataillon d'Ivry-Montrouge se battra bien, j'en suis sûr, et avec l'aide de Dieu, car le droit est pour nous, nous parviendrons à chasser l'Allemand qui souille notre belle France. »

Du bout de son épée, il nous montrait Châtillon. A ce moment, une effroyable détonation lui coupa la parole. Ivry, Bicêtre et Montrouge tiraient à la fois contre les travailleurs ennemis, qui venaient tout à coup de trahir leur présence. « Vive la France! » s'écria-t-il. « Vive la France! » répétâmes-nous après lui, et notre voix se perdit dans le bruit du canon. Le cœur à tous nous battait plus vite ; c'était là une scène que l'on n'oublie pas. Quelques jours après, le commandant Desprez tombait un des premiers pour la délivrance de la patrie.

Un poste nous avait été assigné au-devant du village de Vitry-sur-Seine, en face de Choisy-le-Roi. Près de là se trouvait cette fameuse Gare-aux-Bœufs, qui, prise par nous deux fois, deux fois abandonnée, devait plus tard sauter sous nos yeux.

A cet endroit, une tranchée profonde de 2 mètres reliait la Seine à la redoute du Moulin-Saquet. Creusée par les soins du génie civil et fortifiée de batteries, cette tranchée faisait partie de la première ligne de défense qui, en avant des forts, couvrait l'enceinte de Paris. Plus tard, à l'imitation des Prussiens, nous creusâmes encore au delà des trous de loup où tous les soirs deux hommes se glissaient doucement: Français et Allemands eussent pu causer ensemble, tant les sentinelles étaient rapprochées !

La partie des tranchées qui nous était spécialement

Le Mont-Valérien.

confiée s'appuyait d'un côté sur la Seine, où les canonnières stationnaient toujours sous vapeur, de l'autre sur le chemin de fer d'Orléans, qui livrait passage aux wagons blindés. — Les wagons blindés ! encore une invention du siège. C'est à la Gare-aux-Bœufs qu'on s'en servit pour la première fois. Il faisait nuit, et l'attaque devait avoir lieu au petit jour. Chaque corps de troupes, par des chemins différents, gagnait en hâte son poste de combat ; on marchait en silence, les rangs pressés, retenant de la main les sabres-baïonnettes, dont le cliquetis eût pu nous trahir, car il fallait surprendre l'ennemi.

A tout instant passait un lancier avec des ordres ; il allait au galop, suivant le fond des fossés, pour que la terre détrempée amortît le bruit de sa course. Le hennissement d'un cheval ou les hurlements d'un chien abandonné venaient seuls troubler le silence de la nuit. Les fermes désertes n'avaient pas de lumière, mais de temps en temps une fenêtre s'ouvrait, une tête se montrait curieuse, inquiète, puis disparaissait aussitôt : c'étaient des paysans qui n'avaient pas voulu quitter leur petit domaine ; dans quelques maisons basses se mouraient les feux allumés la veille par les mobiles, et la flamme, se reflétant sur les vitres salies, était rouge comme du sang.

Les marins, selon la coutume, avaient été désignés pour marcher en tête. Quittant la grande route, défoncée déjà par les pluies et par les passage des canons, nous avions pris la voie du chemin de fer, qui nous offrait un terrain plus commode. Nous rencontrâmes les wagons blindés. Reliés deux à deux par des chaînes de fer, haletants, fumants, prêts à partir, ils attendaient le moment de l'action. — Bonjour, camarades ! nous dirent à demi-voix les matelots qui les montaient. En effet, pour les wagons blindés, comme pour les ballons, comme pour toute entreprise qui exigeait des hommes à l'épreuve, on avait pris des marins.

— Bonjour et bonne chance! fut-il répondu, et nous continuâmes notre route. Bientôt, par une terrible bordée lancée sur Choisy-le-Roi, le fort d'Ivry donnait le signal du combat, auquel se joignirent Charenton, Bicêtre et Moulin-Saquet. Alors nous vîmes s'avancer le monstre. Couvert de plaques de tôle qui descendaient jusqu'au bas des roues, il paraissait glisser; le fourneau de la machine semblait un œil immense dans la nuit; la vapeur s'échappait violente, stridente; les rails criaient sous le poids énorme: on se prenait à songer à ces dragons dont parle la fable, et dont la seule vue glaçait d'effroi les cœurs les plus braves.

En quelques minutes, la barricade qui coupait la voie fut abattue; les wagons, démasqués, s'engagèrent au delà du pont de Vitry, et les grosses pièces de marine, cachées dans leurs flancs, se mirent à tonner. Répercuté par les parois sonores, le bruit montait au ciel, épouvantable. Je ne sais trop le mal qu'a pu faire à l'ennemi ce nouvel engin de guerre, mais on se sentait heureux d'avoir pour soi un si puissant allié.

Après le combat, le séjour aux tranchées; après les balles et les obus, le froid, l'insomnie et la faim. Au demeurant, les balles valaient mieux. Il faut plus de vrai courage pour supporter patiemment la misère que pour marcher à l'ennemi, et deux jours de tranchée sont plus durs à passer qu'un jour de combat.

En France, pour tout homme de cœur, le jour de bataille est un jour de fête. On parle, on rit, on s'agite, l'émotion vous donne une certaine gaîté communicative qui semble abréger les heures; mais vivre des mois entiers au fond d'un fossé, passer quatre nuits sur cinq les pieds dans la boue et le dos sur la neige, rester en faction jusqu'à dix-huit heures de suite, voilà vraiment pour les caractères une cruelle épreuve.

Quelquefois au matin, tombant de sommeil, épui-

Les wagons blindés

sés de fatigue, nous demeurions le menton appuyé sur le canon de notre fusil, pour nous tenir debout. J'ai entendu un matelot s'écrier, comme on portait à l'ambulance un de ses camarades frappé d'une balle : « Est-il heureux celui-là! il va coucher dans un lit ! » D'autres, désespérés, auraient voulu mourir. Quand on songe que nous n'avons jamais été *relevés*, pour employer ici l'expression militaire, et que depuis notre départ des forts jusqu'à la fin du siège nous n'avons pas quitté la tranchée, on comprend que le temps ait pu nous paraître long.

Il est vrai que nous faisions à l'occasion quelque bonne promenade. Tel général voulait-il pousser une reconnaissance de nuit, au Moulin-de-Pierre ou ailleurs, il écrivait à l'amiral Pothuau, sous les ordres de qui nous étions placés : « J'ai besoin de 300 hommes énergiques, envoyez-moi 300 marins. » — Un biscuit dans la musette et leurs cartouches à la ceinture, les marins partaient, faisaient leur devoir, puis revenaient le lendemain reprendre leurs postes à la tranchée.

Avec le sac de marche, nous avions reçu, comme les autres soldats, la tente et les piquets qui servent à l'établir; nous n'en avons pas fait grand usage. Pour ma part, j'ai couché deux nuits sous la tente, deux nuits de trop, puis-je dire. Que ce mode de campement ait ses avantages en Afrique, où il ne pleut guère, cela se peut; dans ce pays-là, le terrain est toujours sec. En outre, si les journées sont brûlantes, les nuits sont souvent très fraîches, et il est bon de se tenir en garde contre ces brusques retours de température ; mais chez nous les conditions atmosphériques ne sont plus les mêmes. Je ne parle pas de l'été, où l'on peut dormir fort commodément le corps enveloppé de sa couverture; en hiver, il pleut fréquemment, et il n'est pas facile à un bataillon de trouver l'endroit où camper. — Gèle-t-il au contraire, après avoir enfoncé péniblement ses piquets de tente dans le sol durci, le soldat se couche : bientôt la chaleur de son corps fait fondre la neige, la terre se détrempe, il se réveille dans la boue.

Pour obvier à ces inconvénients, on nous fit construire, vers le mois de janvier, des baraquements en planches, en arrière du pont qui, près de Vitry, coupe la ligne du chemin de fer d'Orléans. Par malheur, on n'y pouvait dormir ; à peine étions-nous couchés depuis deux ou trois heures, que nous étions forcés de nous relever, glacés, perclus, courbaturés. Nous préférions alors, serrés les uns contre les autres, la tête enroulée dans un des pans de notre capote, nous accroupir en rond autour d'un feu de bois vert dont la fumée nous arrachait des larmes, et donnait à la longue à notre visage un teint bronzé rebelle aux ablutions les plus consciencieuses.

Au lever du jour, quand il n'y avait plus à craindre qu'un feu trop vif servit de but aux coups de l'ennemi, on s'occupait du déjeuner ; les plus robustes s'armaient de la hache et allaient couper du bois, tandis que les autres écrasaient le café entre deux pierres. Ce déjeuner du matin était encore notre meilleur repas.

A midi, un morceau de cheval beaucoup trop mince ne fournissait qu'une soupe exécrable. Nous vivions séparés du reste du monde, à trois kilomètres en avant des forts. Or il est mauvais que les rations viennent de trop loin, et passent entre plusieurs mains ; explique qui voudra ce prodige : elles se réduisent en route.

Le soir, nous avions le riz, le riz cuit au sel et à l'eau. Quoi qu'en puissent dire les Chinois, c'est bien le mets le plus fade, le plus insipide qui ait jamais servi à tromper la faim. Aussi cherchions-nous par tous les moyens possibles à relever notre ordinaire, et plus d'une fois les chiens du voisinage, de chasseurs devenus gibier, furent les victimes d'un appétit qui ne pardonnait pas. Nous recevions par jour un *quart de vin,* le cinquième d'un litre ou à peu près; c'est la ration du marin en mer. Pour le matelot, le quart de vin est tout ; avec un quart de vin, on obtient de lui les efforts les plus méritoires.

Bien souvent, dans les ports, s'agit-il, par exemple, d'embarquer du charbon à bord d'un navire, l'ouvrage n'avance que lentement : chaque homme songe, à part lui, qu'il lui faudra le lendemain laver son linge à l'heure du repos, et cette secrète pensée modère son ardeur; mais que le capitaine d'armes promette une ration de vin supplémentaire, *la double,* comme ils disent, aussitôt les bras s'agitent, les pelles volent, trois heures durant on remue le charbon, et, quand tout est fini, le matelot sali, noirci, mais radieux, passe à la cambuse pour *toucher la double.*

En décembre, bien que le vin ne fît pas défaut à Paris, on nous supprima pendant plus de huit jours la ration habituelle. Il importait, paraît-il, de vérifier les quantités que l'on avait en magasin. Les matelots furent complètement démoralisés, et plusieurs de ce moment ont commencé à désespérer du salut de la France.

Ce n'est pas que le marin boive plus qu'un autre ; habitué à recevoir du vin chaque jour, mais en petite quantité, il supporte mal les excès, et tel matelot ivre dont on se détourne dans la rue n'est pas allé bien souvent jusqu'à la fin de sa bouteille : la liberté, le grand air, le manque d'expérience, tout a contribué à lui tourner la tête.

A la suite des privations et des fatigues, les maladies n'avaient pas tardé à sévir parmi nous. Cependant nos marins, tous dans la force de l'âge, tous faits depuis longtemps à une vie pénible, pouvaient mieux qu'aucune autre troupe supporter ces souffrances. Alors que les régiments de ligne se fondaient peu à peu, nous avions conservé les deux tiers de notre effectif. Le matelot, du reste, est un malade facile à soigner. Par tradition, ces braves gens attribuent une vertu toute particulière au suc de réglisse noire, extrait inoffensif aimé de notre enfance : c'est là pour eux le remède souverain, une sorte de panacée applicable dans tous les cas et guérissant tous les maux, depuis les pieds gelés jusqu'à la fluxion de poitrine.

Chaque matin, quittant la tranchée, les malades venaient passer la visite dans le village de Vitry. Une vaste grange, ouverte à tous les vents, servait de salle de consultation : portes et fenêtres avaient été brûlées depuis longtemps, on ne s'en inquiétait pas ; mais à peine le major était-il entré, sa réglisse à la main, qu'un immense concert de voix s'élevait autour de lui. C'était à qui tousserait le plus fort pour obtenir un morceau des précieux bâtons. A vrai dire, il n'y avait pas autre chose à leur donner, les médicaments les plus simples nous faisant défaut.

Eh bien ! en dépit de tout, le moral était bon. On plaisantait aux dépens des Prussiens, on se riait de la misère et de la maladie, on narguait la mort, car l'homme s'habitue bien vite à l'idée de la mort jusqu'à jouer avec elle. Nous chantions quelquefois ; il est vrai que nos chants ressemblaient plutôt à des plaintes.

Le matelot est mélancolique au fond, et sa poésie s'en ressent un peu. Point de ces gais refrains, de ces couplets joyeux, qui plaisent tant au soldat de la ligne ; mais de longues et tristes mélopées, quelque chose comme nos romances, des airs traînants et douloureux. Et comment pourrait-il en être autrement ? Quelle est l'existence de ces braves gens ? Encore enfants, ils aident leur père de leurs petits bras, et disputent leur vie à la mer en fureur ; arrivés à l'âge d'homme, le service les réclame. La discipline est terrible à bord : là jamais de repos, labeur incessant, consigne inflexible. Durant des mois entiers, ils vivent isolés du reste des hommes, n'ayant d'autre distraction que la vue de l'océan et le bruit de ses flots ; rarement on leur permet de descendre à terre, et tout oubli de la règle est rigoureusement puni.

Aussi quand, pour obéir à ce besoin de poésie si naturel au cœur de l'homme, ils veulent chanter, eux aussi, ils ne peuvent que se plaindre et raconter les misères du pauvre matelot, du *gourganier*, comme ils disent, par allusion aux *gourganes*, sorte de fèves décortiquées qui entrent pour une large part dans la nourriture du bord. A la fin pourtant, au dernier couplet, brille une lueur d'espérance : un jour viendra où l'on sera libre, un jour où l'on reverra le pays et les vieux parents, où l'on épousera la jeune fiancée, qui a promis de rester fidèle, et tout sera oublié.

De ces chansons, beaucoup sont bretonnes : de celles-là, je ne parlerai pas, je n'y ai jamais rien compris. Heureusement il en est d'autres en français que j'ai retenues ; une m'a frappé surtout, la *Chanson du charnier* (1). Les vers sont boiteux, les rimes pauvres, les licences nombreuses ; mais que ne pardonnerait-on pas à ces aveux touchants, à cette naïveté charmante ?

Le matelot se plaint d'abord que le charnier contienne une bien mauvaise boisson. — Des gourganes et de l'eau ! maigre régal, convenez-en. Encore si l'on avait toujours son quart de vin ; mais, hélas ! à la moindre faute, le caporal d'armes porte votre nom sur le cahier de punitions, et voilà le vin supprimé. Bien plus : que par malheur un jour, en allant à terre, il vous prenne fantaisie de *tirer bordée*, au retour les fers vous attendent, et vous en avez pour un mois au

---

(1) Le *charnier* est une tonne pleine d'eau qui reste à demeure sur le pont, et sert à la consommation journalière de l'équipage.

moins à boire l'eau du *charnier*. Et cependant, prenez votre mal en patience, ô matelots, mes frères, car si jamais nous avons la chance d'obtenir notre congé,

> Le temps de joie et d'espérance
> Tout ensemble sera chanté.
> Alors nous trinquerons les verres,
> Et nous boirons à l'amitié.

Cela se chantait en chœur le soir, auprès du feu, lorsque nous avions par hasard un moment de repos, et qu'il nous était permis de passer la nuit dans quelque ferme abandonnée. Bien que l'air fût triste, comme les paroles, nous nous plaisions à ce modeste concert; fraîches ou cassées, justes ou fausses, toutes les voix tenaient à donner leur note, et tous, après avoir chanté, nous nous endormions plus contents.

Mais ce qui plus que tout le reste soutenait notre courage, c'était l'exemple de nos officiers. Vivant sans cesse au milieu de nous, ils partageaient noblement nos privations et nos fatigues. Qui d'entre les marins eût eu le droit de se plaindre, lorsque les chefs eux-mêmes faisaient preuve de patience et d'abnégation? Jamais, un seul jour, ils n'ont quitté leurs hommes. On leur avait creusé, pour leur faire honneur, un petit trou en arrière de la tranchée : quelques mauvaises planches servaient de toiture, et garantissaient tant bien que mal de la pluie et du vent; en revanche, la fumée, s'échappant avec peine par les interstices, rendait ce séjour presque inhabitable.

C'est là qu'ils se retiraient lorsque rien au dehors n'exigeait leur présence; c'est là que, ayant pour tout meuble un tronc d'arbre à peine équarri, on les voyait manger dans leur assiette de fer-blanc un maigre lambeau de cheval, ou une poignée de riz apprêté comme le nôtre par les soins d'un matelot. Souvent ils venaient causer avec nous : bienveillants sans faiblesse, affables sans familiarité, sachant toujours conserver leur rang, ils prenaient part aux discus-

L'amiral Pothuau.

sions pour les diriger ; ils se mettaient à la portée de tous, expliquaient les événements, parlaient du devoir et de la France.

Les matelots écoutaient en silence. Souvent aussi l'amiral Pothuau passait dans la tranchée, et adressait aux hommes quelques paroles d'encouragement. L'amiral était renommé parmi nous pour sa rare intrépidité. Logé dans une maison de Vitry avec tout son état-major, il accourait au grand galop à la moindre alerte, précédant de plus de vingt pas les lanciers de son escorte. On l'a vu à Montrouge, pendant le bombardement du fort, monter à cheval sur les bastions et rester ainsi des heures entières, alors que les obus pleuvaient de toutes parts et venaient tuer les canonniers sous ses yeux.

Le danger semblait l'attirer. Entendait-il siffler une balle, il relevait la tête comme pour la chercher. A ce propos, il me revient une anecdote assez curieuse. L'amiral se trouvait en compagnie de quelques officiers sur le pont de Vitry. Les ennemis, s'en étant aperçus, se mirent à tirer du haut des maisons crénelées qu'ils occupaient en face du pont. Les balles passaient rapides et nombreuses. Un officier supérieur inclina légèrement la tête. Ce mouvement tout instinctif, tout naturel, n'exclut en rien le courage, et il est permis au plus brave de saluer les balles ; mais l'amiral, se retournant, de cette voix brève qu'on lui connaît : — « Je crois qu'on tire sur nous, monsieur », dit-il. — Le mot était cruel, et immérité, car nul n'eût osé mettre en doute la valeur éprouvée de l'officier. Lui-même plus tard racontait en riant sa mésaventure ; mais on peut juger par là de l'homme qui nous commandait.

Tandis que nous restions ainsi à demeure dans nos tranchées, les autres troupes se succédaient autour de nous, et le village de Vitry était comme un camp de passage où se croisaient les uniformes. Les mobiles y vinrent : ceux de l'Hérault, ceux de la Somme, ceux de Bretagne et de la Côte-d'Or. Je ne dirai rien des mobiles de Paris, qu'on a trop peu vus.

S'il est vrai que l'intelligence, l'instruction, le courage ne sont pas inutiles au soldat, Paris possédait là 20,000 hommes comme aucune armée du monde n'aurait pu lui en opposer ; malheureusement on ne sut pas mettre à profit ces rares qualités, et l'indiscipline perdit un corps qui eût pu rendre les plus grands services.

Restaient les mobiles de province ; ils étaient arrivés en toute hâte à Paris avec leurs habits de tous les jours, auxquels une bande rouge et quelques galons surajoutés ne donnaient qu'imparfaitement l'aspect d'un uniforme. Les Bourguignons portaient la blouse, le vieux sayon gaulois, et je ne sais quelle émotion mêlée de confiance me saisit lorsque je revis au milieu des malheurs de la France ce costume et ce peuple qui avaient survécu à l'invasion romaine et aux conquêtes de César.

En peu de temps, ils étaient devenus d'excellents soldats ; ils valaient mieux que la ligne, et cela se comprend. Formés précipitamment dans Paris après l'investissement, les régiments de ligne se composaient pour la plupart de jeunes recrues ayant à peine achevé leur croissance, incapables en tout cas de supporter les fatigues. Les mobiles, au contraire, étaient tous de robustes garçons, âgés de vingt-cinq à vingt-six ans et habitués aux travaux des champs. Aussi ne plaignaient-ils pas leur peine ; à leurs moments perdus, ils remuaient de la terre, et, la pioche à la main, ils allaient eux-mêmes creuser les tranchées qu'ils devaient le lendemain défendre à coups de fusil.

Les gardes nationaux nous étaient bien connus, eux aussi : on les distribuait parmi nous en guise de soutien, un bataillon tout entier pour une compagnie de marins ; en réalité, il s'agissait de les aguerrir. Ils passaient une quinzaine de jours aux avant-postes, ne faisant du service que ce qu'ils en voulaient prendre, après quoi ils rentraient dans Paris, tout fiers d'avoir reçu le baptême du feu.

L'expérience leur faisait défaut, sinon le courage et le bon vouloir; ils n'avaient de militaire que le costume; ils le comprenaient eux-mêmes tout les premiers, et plus d'un cherchait à en imposer. On ne saurait croire le nombre de gens qui prétendaient avoir fait la campagne de Crimée! A les entendre, ils étaient tous anciens soldats, tous ils connaissaient les tranchées, et ils en avaient vu bien d'autres sous les murs de Sébastopol.

Néanmoins ils perdaient la tête au plus léger bruit, et nous avions fort à faire pour les empêcher de tirer sur les troncs d'arbre et les taillis qui garnissaient la plaine; ils voyaient partout des Prussiens. Quelques-uns, plus modestes, reconnaissaient qu'ils n'avaient jamais quitté le coin de leur feu : ce leur était un prétexte pour déposer leur fusil et s'en remettre à nous du soin de la faction.

Les bons bourgeois croyaient nécessaire d'émailler leur langage d'expressions et de jurements pittoresques empruntés au vocabulaire maritime, par respect pour la couleur locale, à ce que je crois. Au matin donc, à l'heure où le soldat fatigué **entrevoit avec** plaisir le terme d'une longue nuit de **faction, un** garde national s'approchait en fredonnant :

— « Eh bien ! vieux frère, comment va ? il vente frais ce matin. Nord-nord-est, bonne brise. Brrrun ! voilà trois jours que nous sommes à la tranchée, et, ma foi, j'en ai assez. Pour vous, c'est différent, vous êtes faits à la fatigue... Et dire ces coquins de Prussiens ne veulent pas démarrer d'ici... Ah ! il faudra bien qu'ils virent de bord tout de même, et nous leur donnerons la chasse jusqu'au delà du Rhin, tonnerre de

Brest! Mais, au fait, si nous prenions la goutte, matelot? Un peu de brise-lame, allons, là! »

Le brave homme tendait sa gourde remplie par les soins de la ménagère; on buvait une bonne rasade, et la conversation continuait.

Qu'on n'aille pas croire pourtant que le service se fît avec négligence. Les gardes nationaux à la tranchée recevaient les ordres de nos officiers : c'est dire qu'ils étaient à bonne école. Chaque nuit, notre commandant faisait la ronde, suivi d'un second-maître et d'un matelot. Je fus désigné une fois pour l'accompagner. Il avait neigé pendant la journée; la lumière, frappant sur le sol blanchi, éclairait de ses reflets blafards la plaine silencieuse où nos ombres glissaient comme des fantômes. Nous marchions à grands pas; de loin en loin partait le *qui vive?* d'une sentinelle : le commandant donnait le mot d'ordre, et nous passions. Alors, autour des feux allumés pour combattre le froid, tout le monde se levait vivement et saluait avec respect.

Depuis quelque temps déjà, je remplissais les fonctions de vaguemestre. Tous les matins, j'allais au fort d'Ivry porter et chercher les lettres. La charge m'était légère, car, sans les plis et les dépêches, mon petit sac eût été presque toujours vide. Les Prussiens, on le sait, ne laissaient arriver à nous aucune lettre de province; d'autre part, dans les tranchées, nous n'avions guère la facilité d'écrire. A de rares occasions, nous nous mettions en frais de correspondance : c'est lorsqu'un camarade, élève des frères Godard, devait partir en ballon.

La veille, il venait nous voir, et nous le chargions confidentiellement d'une foule de petits billets pour nos parents et nos amis. D'ailleurs, si je n'avais pas de lettres à distribuer, je prenais soin d'apporter d'Ivry des journaux que l'on s'arrachait. Bien que la politique les occupe fort peu d'ordinaire, nos matelots souffraient, eux aussi, de cette absence de nouvelles, qui ne fut certes pas la moins cruelle des privations pendant ce douloureux blocus.

Un second-maitre prenait le journal, et faisait tout haut la lecture. Le corps des sous-officiers dans la marine est admirablement composé : braves, actifs, intelligents, quartiers-maitres et seconds-maitres ont une valeur réelle, bien supérieure à celle des *gradés* de la troupe : mais chez les matelots quelle ignorance! J'ai pu voir là combien l'instruction est négligée en France, et que de choses on eût pu apprendre utilement à ces hommes, probes pourtant et vraiment estimables !

La plupart ne s'expliquaient pas le mot de patrie ; bien peu connaissaient le nom de Metz et Strasbourg, l'Alsace, la Lorraine. S'ils se battaient courageusement et souffraient sans se plaindre, c'était pour obéir aux ordres des chefs, par souci de la discipline, parce que les chefs et la discipline sont encore respectés à bord ; mais leur esprit ne s'élevait pas plus haut. Ils n'ont jamais compris pourquoi, dispensé de tout service militaire, j'avais voulu m'engager.

Du moins leur bon sens naturel, une sorte d'honnêteté instinctive les mettait en garde contre les théories socialistes des journaux *avancés* de Paris ; ils faisaient justice entre eux de ces idées malsaines, nées de la jalousie, de la cupidité ou de l'ambition, et, quand ils lisaient le *Combat*, la *Patrie en danger* ou toute autre feuille de cette nuance : — Oh! ces Parisiens! — disaient-ils en haussant les épaules.

J'avais remarqué de bonne heure l'éloignement du marin breton pour le Parisien. Voici comment je l'expliquerais : on trouve quelques enfants de Paris dans la marine ; ce sont pour la plupart de jeunes ouvriers qui *ont mal tourné*, comme dit le peuple. Chassés de tous les ateliers, reniés par leurs familles, sans argent, sans abri, ayant perdu le goût du travail, ils n'ont plus qu'une seule ressource, celle de s'engager. En arrivant, ils apportent à bord leur esprit, leur entrain, leur langage expressif et coloré, mais aussi la paresse, l'indiscipline, l'amour du désordre et de la débauche, tous leurs défauts habituels ; ils peuvent amuser parfois, jamais ils ne mériteront l'estime ou l'affection de leurs camarades. De là cette défiance du matelot pour ce qui vient de Paris.

Un journaliste bien connu, organe du parti extrême, a prétendu que la Commune avait su gagner à ses idées tous les marins présents au siège. M. Thiers avait donc fait preuve de prudence en les renvoyant au plus tôt chez eux. Or cela est faux. Ces marins, je puis l'affirmer, eussent, tout comme les autres, énergiquement condamné et combattu l'insurrection.

Nos bataillons de marche faisaient partie des 12,000 hommes qui, après l'armistice, obtinrent de rester armés ; un mois plus tard, lorsque nous fûmes sur le point de quitter Paris, on nous retira ces armes, nécessaires surtout aux troupes qui demeuraient, et pendant quelques jours nos sentinelles montèrent la garde autour de la caserne de la Pépinière, n'ayant à la main qu'un bâton de tente pour écarter les curieux. Un homme vint à passer, un de ces gamins vieillis, comme on en voit trop dans les jours d'émeute, les yeux creux, le visage inculte, la voix cynique et éraillée. — « Oh ! ces fusils de fer-blanc ! » dit-il en ricanant. Le marin se sentit froissé, et, relevant fièrement la tête, repartit aussitôt : — « C'est avec ces fusils-là pourtant qu'on pourrait vous allonger des coups de bâton. » — J'adoucis un peu l'expression. Sans en attendre davantage, l'homme se hâta de disparaître, poursuivi par les risées de la foule.

Il s'en faut cependant que la population parisienne nous vît de mauvais œil. Bien au contraire, par tous les moyens possibles, elle cherchait à nous témoigner sa sympathie et sa reconnaissance. Paris offrait alors un curieux spectacle : on eût dit un camp immense regorgeant de soldats, d'officiers surtout. Aux tables des cafés et des restaurants se rencontraient les costumes les plus bizarres et les plus coquets : partout des plumes, des soutaches, des aiguillettes et des galons ; mais aucun uniforme, si brillant qu'il fût, n'attirait l'attention comme le grand col bleu et le petit bonnet du matelot.

C'était justice, on les voyait si peu ! Les journaux ne tarissaient pas d'éloges pour ceux qu'ils appelaient toujours les « braves marins ». Dans les rues, les petits enfants nous suivaient en chantant à tue-tête sur un air connu :

> Les marins de la république
> Montaient le vaisseau *le Vengeur !*

« Vive la marine ! » nous disaient les bourgeois en passant, et plus d'une fois, dans les cafés et dans les cantines qui s'étaient établis le long des boulevards, lorsqu'un matelot tirait son argent pour payer : « Les marins ne paient pas », lui répondait-on.

Un matin de janvier, — le 13, je n'ai pas oublié la date, — nous suivions au nombre de cinq cents les boulevards extérieurs ; nous revenions du Moulin-de-Pierre, où, quelques jours auparavant, dans une audacieuse reconnaissance, les marins avaient surpris tout un poste ennemi ; mais cette seconde fois l'ennemi, sur ses gardes, avait prévenu et repoussé l'attaque. Six heures durant, nous restâmes accroupis derrière le remblai du chemin de fer de l'Ouest, au milieu d'une pluie d'obus qui écrêtaient les murs au-dessus de nos têtes, et par un froid de 10 degrés, attendant que les autres troupes eussent opéré leur retraite, car nous devions partir les derniers.

Les casernes du fort d'Issy brûlaient dans le lointain, la flamme montait jusqu'au ciel avec un crépitement sinistre, et sur les coteaux couverts de neige venaient se refléter les clartés rougeâtres de l'incendie. Enfin, au point du jour, lorsque le brouillard du matin se fut répandu sur nous comme un vaste manteau, nous pûmes nous retirer; mais il eût été dangereux de prendre la route que nous avions suivie la veille au soir pour venir de Vitry. On nous fit passer par Paris.

La grande ville commençait à s'éveiller : nos officiers sous leurs casquettes, avec leurs longues barbes et leurs cheveux blancs de givre, avaient un faux air de divinités mythologiques ; tous, mourants de faim, harassés de fatigue, les pieds meurtris par une longue marche sur un terrain glacé, nous nous traînions péniblement. On put voir alors les Parisiens accourir sur le seuil de leur porte ; on nous apportait du pain, du vin, de l'eau-de-vie ; les hommes nous serraient la main, les femmes pleuraient.

Le dénoûment approchait cependant, dénoûment cruel, inévitable, que notre patriotisme cherchait à reculer encore, mais qui n'en était pas moins prévu par tous les esprits sensés. L'échec de Montretout venait de prouver une fois de plus que Paris, réduit à ses seules forces, ne parviendrait point à se débloquer. Le bombardement si longtemps attendu avait enfin commencé, à la plus grande joie de toutes les Gretchen des pays allemands, impatientes de revoir leurs fiancés ; chaque nuit, les canons Krup criblaient la rive gauche de leurs énormes projectiles, et je me rappelle encore quelle rage nous montait au cœur quand nous entendions siffler au-dessus de nous ces obus qui, impuissants contre nos tranchées, allaient tuer dans leur lit des femmes, des enfants, des vieillards.

Paris aurait tenu malgré tout ; mais la famine arrivait en aide aux Prussiens, le pain allait manquer ; dans les bas quartiers, la mortalité était effrayante : on parlait de 5,000 décès par semaine. Les habitants

L'incendie des casernes du Fort d'Issy.

des communes suburbaines, qui étaient rentrés dans la ville aux premiers jours de l'investissement, nous revenaient peu à peu ; sous la protection de nos avant-postes, ils fouillaient la terre gelée pour chercher dans les champs quelques légumes oubliés.

Tous avaient le teint hâve et maladif, les traits amaigris, les yeux brillants de fièvre ; les femmes surtout faisaient mal à voir : le corps à peine couvert d'une mauvaise robe toute déchirée, elles traînaient à leur suite de petits enfants transis et affamés. Les enfants nous demandaient en passant un peu de notre riz. Si du moins nos armées de province avaient pu tenir la campagne ! Quand j'arrivais avec mes journaux : — « Eh bien ! vaguemestre, me demandait-on, quoi de nouveau ce matin ? »

Hélas ! messager de malheur, je n'apportais jamais que de tristes nouvelles. Les désastres se succédaient coup sur coup, au nord, à l'ouest, au midi, partout, sans nous laisser le temps de respirer. Après Orléans, Saint-Quentin : l'occupation de Dieppe après celle de Rouen.

Le dernier coup nous fut porté par la prise du Mans. Chanzy battu, c'était notre suprême espoir détruit, la France définitivement vaincue, Paris contraint de se rendre. J'avais appris la nouvelle au fort d'Ivry en ouvrant les journaux. Je revins à pas lents, le cœur navré.

J'étais porteur d'un pli pour le lieutenant de vaisseau commandant auprès de Vitry la batterie de la Pépinière. Cet officier, M. Chasseriau, est un homme de vrai mérite, spirituel, instruit, qui travaille (il travaillait encore à la tranchée dans sa petite cahute en planches mesurant 3 pieds sur 5), et qui aime bien son pays. En arrivant, j'étais si pâle qu'il pressentit un malheur ; sans rien demander, il prit le journal que je lui tendais. A peine eut-il lu quelques lignes qu'il pâlit à son tour et me regarda. Je détournai la tête :

nous avions tous deux de grosses larmes dans les yeux.

Quelques jours après, l'armistice était conclu, mais cet armistice ressemblait trop à une capitulation Tout le monde en connait les pénibles clauses ; nous dûmes rentrer dans Paris. Ces tranchées où nous étions restés si longtemps, ces forts que l'ennemi n'avait pas même osé attaquer, parce qu'il y eût trouvé des hommes prêts à les défendre, un coup de plume les lui livrait. La famine triomphait de nous. Le 30 janvier, dans la matinée, l'ordre du départ fut donné.

Les Prussiens suivaient à quelques pas en arrière; nous revîmes successivement tous les lieux que nous avions traversés cinq mois auparavant, le village du Petit-Ivry, les faubourgs, la barrière, et à deux heures de l'après-midi nous franchissions le mur d'enceinte.

Ah ! nous avions rêvé un autre retour !

C'eût été après la victoire, avec des chants de joie et des fanfares, au milieu d'une foule heureuse nous acclamant au passage, sous les arcs de triomphe élevés pour nous recevoir. — Quelle amère déception ! Le ciel avait une teinte grise et sombre, couleur de plomb, comme si la nature elle-même eût voulu s'associer au deuil de la France. Il faisait froid, nos clairons se taisaient; nous marchions en bon ordre, d'un pas régulier, car ces vaincus avaient conservé la dignité dans le malheur. Les capotes étaient fripées et salies ; mais les fusils brillaient comme à la parade, et les hommes, le sourcil froncé, l'œil farouche, manœuvraient gravement.

La foule nous regardait passer silencieuse, comprenant notre douleur et la respectant; on se montrait tout bas nos braves officiers, qui mordaient leurs lèvres de rage, et serraient convulsivement la poignée de leur épée désormais inutile. Aux détours des boulevards, nous rencontrions d'autres troupes de marins qui revenaient des forts. Moins heureux que nous, ceux-là n'avaient pu conserver leurs armes, cette dernière consolation du soldat vaincu ; canons et chassepots, il avait fallu tout rendre ; on ne leur avait laissé que leurs sacs.

Plusieurs, furieux, dans un accès de généreuse révolte, avaient préféré briser leurs fusils, et ils gardaient les culasses mobiles cachées au fond de leurs musettes. Oh ! qui pourrait dire ce que nous avons souffert ? Quand je pense à cette douloureuse journée, je sens encore mes yeux se gonfler de larmes et le rouge me monter au front. J'aurais peut-être oublié bien des choses, j'aurais peut-être pardonné aux Prussiens notre long séjour aux tranchées, nos dangers, nos privations, nos misères, nos pauvres camarades frappés à mort ; mais il est une chose que je ne leur pardonnerai jamais, c'est cette honte du retour qu'il nous a fallu subir.

Du moins les marins avaient-ils fait leur devoir, et, si Paris ouvrait ses portes, ils n'avaient rien à se reprocher. En partant, ils ont emporté l'estime de tous, même de leurs ennemis. M. Hamet, commandant du fort de Montrouge, racontait le fait suivant, qui s'était passé sous ses yeux :

L'heure fixée par les conventions était arrivée. Un officier prussien attendait à la tête de son détachement que le fort fût évacué pour y entrer à son tour, grave, raide, empesé, l'air fier et méprisant. Au moment où les derniers marins passaient par la poterne, ses lèvres, dédaigneusement plissées, eurent comme un sourire de satisfaction. Un vieux quartier-maître s'en aperçut, un de ces loups de mer qui n'ont jamais eu peur. Il alla droit à l'Allemand, et d'une voix vibrante : — « Ne riez pas au moins ! » dit-il en serrant les poings. — L'officier comprit sa faute, sa figure devint sérieuse. — « Rire de vous, je ne le voudrais point, répondit-il aussitôt avec la courtoisie la plus parfaite, je songe plutôt à vous admirer ! »

Peu de jours me restaient à passer encore parmi les fusiliers marins. Dès notre retour à Paris, M. Lamothe-Tenet, capitaine de vaisseau, avait pris le commandement en chef des trois bataillons ; sa belle conduite à la seconde affaire du Bourget avait fait de lui un des officiers les plus connus et les plus estimés de l'armée. Je ne dirai pas comment nous fûmes logés à la caserne de la Pépinière, comment plus d'un mois nous attendîmes que l'assemblée fût constituée, et, choisissant entre la paix ou la guerre, décidât ainsi de notre sort.

En cas de reprise des hostilités, toutes les troupes régulières présentes à Paris devaient, on l'avait dit, être dirigées sur l'Allemagne. Notre vie fut celle de tant de soldats — prisonniers comme nous, — avec cette exception toutefois que jusqu'au dernier jour la discipline fut sévèrement maintenue et respectée dans notre corps. De ces vaincus, beaucoup, démoralisés par le malheur et corrompus par l'inaction, ivres, sales, en lambeaux, ressemblaient plus à des mendiants qu'à des soldats, et traînaient leur uniforme dans toutes les boues ; les Prussiens cependant caracolaient sur la place de la Concorde ! Ah ! elle est bien vraie, la parole d'Homère, « que Dieu enlève la moitié de leur âme à ceux qu'il prive de la liberté ».

Nous du moins, avec nos armes, nous avions su garder le respect de nous-mêmes, et nous ne fûmes pas complices de cette nouvelle honte infligée à la France.

Enfin l'attente cessa ; les députés, réunis à Bordeaux, avaient ratifié les préliminaires de paix ; nous étions libres. En raison des conditions particulières où je me trouvais, j'obtins d'être congédié à Paris même. J'évitais ainsi un pénible voyage : il m'en eût trop coûté de revoir en vaincu cette ville de Brest, que j'avais quittée au mois d'août, plein de confiance et d'espoir ; la rentrée dans Paris m'avait assez fait souffrir.

D'ailleurs nos bataillons s'étaient partagés en détachements : chaque marin devait, selon l'usage, regagner le port d'où il était sorti, et je n'aurais eu avec moi au retour qu'un petit nombre de mes compagnons d'armes. Ceux de Rochefort partirent d'abord, ceux de Cherbourg, puis ceux de Brest et de Toulon.

Adieu donc, camarades, vous allez rentrer au pays ; vous reverrez la maison basse, assise au bord de la plage, avec ses murs de galets, son toit en pente couvert de chaume qu'effarouche le vent, et les piquets plantés devant la porte où sèchent les filets ; vous reverrez vos parents, vos amis ; vous reverrez la grande table et le foyer où une place vous attend depuis si longtemps. Hélas ! je sais des familles où l'on attendra toujours !

Voici la vieille barque qui vous servait à gagner votre pain ; voici tous vos instruments de travail, les harpons, les paniers, les avirons usés sur le milieu, la lourde voile réparée pendant votre absence. Allons, en mer ! bon vent et bonne pêche !

Comme vous avez lutté contre l'étranger, luttez aujourd'hui contre les flots. Au bruit des canons et de la mitraille va succéder le fracas de la tempête, le grincement des cordages, le mugissement des vagues en courroux.

Pour moi, rendu à une existence plus tranquille, je ne vous oublierai pas ; partout où aborderont vos navires, partout où flottera votre pavillon, je vous suivrai avec le cœur, et lorsqu'enfin, au jour de la revanche, la patrie appellera encore à elle tous ses enfans, oh ! ce jour-là nous nous retrouverons, camarades. Comme autrefois, nous marcherons à l'ennemi, nous reverrons les champs de bataille, nous défierons encore les balles et les obus. Le ciel alors nous donne la victoire, et puissiez-vous dans l'histoire de nos triomphes avoir une page aussi belle que dans le douloureux récit de nos malheurs!

UN INVALIDE

SOUVENIRS DE 1870

Chacun s'était logé un peu au hasard, comme il avait pu.

UN INVALIDE [1]

SOUVENIRS DE 1870

I

Le train courait à toute vapeur sur la ligne de Rouen; nous avions dépassé Amiens ; il était alors minuit environ. Soldats du 20ᵉ chasseurs à pied, après un mois de séjour à Boulogne, où se trouvait le dépôt, nous allions à l'armée de la Loire rejoindre notre corps.

Nous étions là, pressés les uns contre les autres, dans ces wagons de troisième classe aux compartiments anguleux, trop étroits, qu'encombraient encore nos nombreux objets d'équipement militaire. Chacun s'était logé un peu au hasard, comme il avait pu. La gaité, du reste, n'avait pas manqué le long de la route; c'étaient des rires sans fin, des jeux de mots, des plaisanteries dont les Prussiens avaient la bonne part; on entonnait en chœur des chants patriotiques, les voix se répondaient d'un wagon à l'autre, et, quand nous passions dans les gares, nos clairons par les portières allègrement sonnaient la charge.

Cependant, la nuit venue, toute cette effervescence du départ s'était un peu calmée ; le moins exigeant eût bien voulu dormir. Pour moi, en montant dans le

---

[1] Ce récit a paru dans la *Revue des Deux-Mondes* le 15 avril 1872.

train, séparé de mon escouade, je n'avais pu retrouver qu'un de mes amis, Paul V..., autre engagé volontaire. Epuisé de fatigue, je sommeillais en face de lui.

Tout à coup une épouvantable secousse se produit ; en même temps nous nous sentons soulevés de nos places ; autour de nous, les cloisons vacillent et se rapprochent avec un craquement sinistre, les banquettes se brisent ; les vitres, les quinquets, volent en mille pièces, et nous-mêmes, saisis, broyés, cherchant en vain à repousser loin de nous en des torsions désespérées ces fusils, ces sacs, ces éclats de bois qui nous étouffent et nous déchirent, nous sommes emportés dans le tourbillon. Cela ne dura qu'un instant, instant affreux, avec des hurlements de douleur, des cris de rage, des supplications, des blasphèmes ; puis une dernière secousse se fit, et tout rentra dans le silence.

J'ai connu plus tard les détails de l'accident. A l'heure où nous quittions Amiens, le chef de gare de Critot, petit village des environs, avait été, comme tous les autres, prévenu de notre passage. Soit oubli, soit toute autre cause, il négligea de placer un aiguilleur qui nous eût avertis. En arrivant à Critot, au lieu de suivre la droite voie, la machine s'engagea sur un chemin de garage, heurta le poteau transversal où viennent s'appuyer les trains, enfonça du même coup le mur de maçonnerie qui le soutenait, parcourut encore une trentaine de mètres sans rails, en terre libre, et d'un dernier bond vint s'enfoncer de plusieurs pieds dans le sol. Lancés à la suite, les wagons rencontrèrent l'obstacle, et sous l'impulsion acquise essayèrent de le franchir, se poussant, se heurtant, montant les uns sur les autres ; mais le choc avait été si violent que les chaînes rompirent au cinquième wagon, et sauvèrent ainsi ceux qui nous suivaient.

Par malheur pour moi, je me trouvais aussi au

commencement du train. Une douleur atroce me saisit quand je sentis mes os crier sous la pression. Je n'eus plus bientôt le temps de souffrir : le flot m'enleva.

Lorsque je me retrouvai, j'étais couché en travers de la voie, le corps engagé sous un énorme amas de débris : ma tête seule dépassait; j'étouffais. De mon bras gauche resté libre, j'essayais de me soulever pour respirer un peu ; mais mon poignet déchiré ne me soutenait plus. Dans le mouvement de recul produit par la rupture des chaînes, j'avais été traîné sur le sol l'espace de plusieurs mètres; l'effort même que je faisais pour me retenir de la main n'avait servi qu'à me briser davantage : les nerfs étaient à nu. Je retombai la face contre terre, mordant des lèvres le sable de la voie.

A quelque hauteur au-dessus de moi râlait un de nos camarades, un pauvre petit chasseur qui, pendant le voyage, occupait mon compartiment, et qui, voulant dormir, s'était couché à nos pieds. Par un fait singulier, tandis qu'après deux tours sur moi-même j'étais renversé à terre, lui, soulevé en sens contraire, était porté tout au haut des débris. Pris entre deux ais disjoints, il restait là suspendu, le corps brisé; et son sang tiède, à larges gouttes pressées, me découlait sur le front.

Cependant parmi nos camarades, dans le reste du train, l'émotion était grande. On crut d'abord à une attaque des Prussiens. Tout le monde était descendu. Les soldats en hâte chargeaient leurs fusils ; les officiers, sabre en main, cherchaient à rallier leurs hommes et criaient : *En avant!*

On connut enfin la triste réalité. Deux ou trois blessés projetés sur la voie par la violence du choc se traînaient péniblement le long du talus; les survenants les rencontraient du pied. Pas de lumière : des voix s'appelaient dans l'obscurité ; la nuit était si noire qu'à peine pouvais-je, à la lueur des feux de la machine échouée près de là, distinguer quelques silhouettes qui n'avançaient qu'en hésitant.

Je crus reconnaître un ami ; j'appelle, on accourt, on s'empresse, on écarte la masse énorme qui pèse sur moi. En moins d'une minute, je suis dégagé ; on veut me faire tenir debout. Hélas ! c'était trop demander à mes membres rompus. Je me repliai sur moi-même avec un gémissement de douleur. Alors, me soulevant doucement par le haut du corps, quatre camarades me portèrent dans une prairie en contrebas qui longe la voie du chemin de fer. Quand j'y arrivai, je trouvai déjà couchés sur l'herbe une trentaine de corps, morts ou mourants ; celui près duquel on me plaça n'était autre que Paul V..., mon ami.

Nous nous reconnûmes. On venait d'apporter la lanterne qui se trouve à l'arrière des trains : je pus voir son pied droit horriblement fracassé ; il n'avait plus ni guêtre ni soulier. Jusque-là je n'avais pas perdu connaissance un seul instant, et je me rendais parfaitement compte de tout ce qui se passait autour de moi ; de temps en temps seulement la douleur m'arrachait un cri. Paul V..., lui, souffrait sans se plaindre. Çà et là dans la plaine, nous entendions nos noms répétés par ceux qui nous cherchaient ; nous n'avions pas la force de répondre.

Aussitôt après l'accident, des employés étaient sortis de la gare pour reconnaître de leurs yeux ce qui s'était passé. Une locomotive arriva enfin avec des ouvriers, des torches, des outils. En même temps les gens du pays commencent à s'éveiller. Critot est un petit village de quelques centaines d'habitants. Les deux cloches de l'église, ébranlées à la fois, tintaient lugubrement, portant au loin la mauvaise nouvelle.

Là aussi on croit à une attaque des Prussiens, et, s'armant de fourches et de fusils, nos paysans s'apprêtent à faire une vigoureuse résistance. A peine détrompés, ils se mettent à l'œuvre. Grâce à ce renfort, le déblaiement s'opère rapidement ; les corps viennent de plus en plus pressés s'aligner dans la prairie.

La scène était étrange et lugubre à la fois. Cent corps et plus étaient couchés dans la plaine ; on nous avait tous couverts du petit manteau bleu des chasseurs. Quelques-uns autour de moi avaient les lèvres noires, les dents serrées, les yeux hagards et grands ouverts ; leurs têtes convulsivement retournées disaient une horrible souffrance, et de leurs ongles, dans les dernières crispations de l'agonie, ils fouillaient la terre gelée.

Un groupe d'ombres, des torches à la main, allait de l'un à l'autre : c'étaient nos officiers cherchant à reconnaître leurs hommes ; ils se baissaient pour regarder les visages, et la résine dégouttait le long de leurs doigts. La nuit était toujours sans étoiles, et le brouillard du matin, tombant sur la plaine, enveloppait la flamme des torches d'un nuage épais qui de loin lui prêtait une teinte sanglante.

Avec les officiers marchait un jeune homme, un étudiant en médecine, élève des hôpitaux de Paris, alors de séjour à Critot. Il se baissait, lui aussi, et regardait ; parfois il disait quelques mots, on enlevait le corps qu'on déposait près du talus, en un endroit où d'autres étaient entassés : ceux-là étaient morts. Derrière le groupe venait un prêtre.

Quand ils s'approchèrent de moi, un des officiers, un lieutenant, me reconnut et me serra la main ; le jeune étudiant, qui venait de quitter Paul V..., considéra un moment mes traits décomposés par la souffrance.
— « Bien, bien ! » fit-il, — et il passa. En face de moi était un pauvre garçon que j'avais entendu se plaindre peu auparavant, mais qui ne bougeait plus. A deux reprises, l'étudiant lui appliqua une glace contre les lèvres. — « Il est mort », — dit-il enfin en se relevant, et ce nouveau cadavre alla rejoindre les autres.

A cet endroit s'arrêtent mes souvenirs; l'épreuve avait été trop forte, je m'évanouis.

Je ne revins à moi qu'au moment où, comme une masse inerte, on me hissait avec d'autres malheureux dans une de ces carrioles à deux roues dont se servent nos paysans. On m'installa aussi commodément que possible, et lentement, à petits pas, nous prîmes la route de Critot. Chaque secousse de la voiture sur ce chemin cailouteux, ravivant nos souffrances, nous arrachait des cris de douleur. Dans l'un des cahots, ma main alla heurter le corps de mon voisin de droite; je sentis son bras déjà roidi sous la veste, et en effet, quand il fallut le descendre, ce n'était plus qu'un cadavre.

Du reste, je ne distinguais plus très bien les objets autour de moi; je crois que j'avais le délire. A l'entrée du village se trouvait une grange où l'on nous déposa côte à côte; quelques bottes de paille, épandues sur la terre nue, servirent de couche à nos corps meurtris. Un lumignon fumeux, dont la lumière vacillante tremblotait sur les murs, éclairait mal cette vaste salle, laissant dans l'ombre les coins profonds et les hautes solives du toit. A côté était une étable, où l'on entendait grogner les pourceaux.

Deux chasseurs avaient été chargés de nous donner à boire. Dévorés de fièvre et de soif, nous avions juste assez de sentiment pour souffrir. Ainsi se passa la nuit.

Au matin, — il était déjà grand jour, — nous vîmes arriver cinq ou six personnes. C'étaient les médecins de Rouen avec leurs internes, qu'un train spécial avait amenés; ils étaient munis de leurs trousses, et portaient, attaché au cou, leur grand tablier d'opérateurs. Sans perdre de temps, ils s'occupèrent de nous, et nous firent le premier pansement. Pour ma part, j'avais une fracture à la jambe gauche, une autre à la cuisse droite, le bras gauche fracassé, la tête fendue, des plaies partout. Pauvre petit chasseur ! toi qui, confiant dans ton ardeur et tes vingt ans, te promettais de courir si lestement à l'ennemi !

A peine pansé, je fus installé sur un brancard pliant, et porté à la gare pour attendre le train qui nous conduirait à Rouen. Le bruit de notre accident s'était déjà répandu par tout le pays, et avait attiré la foule, qui s'apitoyait sur nous au passage.

La salle d'attente où l'on me déposa contenait déjà quatre ou cinq blessés. Je reconnus l'un d'eux, Coulmy, un ancien soldat de Crimée et d'Italie, à la poitrine constellée de médailles : il s'était engagé pour gagner la croix ; le pauvre diable avait la jambe gauche littéralement broyée.

Nous attendîmes là plus de quatre heures. Les curieux se pressaient autour de la salle et regardaient avidement par les vitres avec des exclamations ; j'entendais vaguement le murmure des voix, et, dans l'hallucination de la fièvre, toutes les figures tourbillonnaient, dansaient devant mes yeux, et semblaient grimacer au travers des carreaux.

Enfin le train arriva ; on nous installa dans des wagons à bestiaux, pour que nous ne fussions pas gênés par les banquettes, et nous partîmes pour Rouen

Tous ces transbordements m'avaient horriblement fatigué, et le dernier ne fut pas le moins douloureux. Je vis l'hospice général de Rouen, avec sa grille, son avenue plantée de tilleuls et ses vieux bâtimens noircis qui suintent l'humidité. Par une faveur spéciale, alors que les autres blessés étaient transportés dans les salles communes, nous eûmes, Paul V... et moi, une petite chambre à part. Cette chambre, située au second, renfermait quatre lits. A côté de moi couchait un brave homme, pensionnaire de l'hospice ; en face à gauche, Paul V... ; à droite, un pauvre vieux, tombé en enfance, dont la plainte régulière et monotone se prolongeait bien avant dans la nuit.

Entre les deux lits du fond s'ouvrait la fenêtre, d'où l'œil embrassait successivement l'avenue, le boulevard de l'hospice et l'entrée de la gare. Les lits en fer étaient garnis de petits rideaux blancs courant sur des tringles. Pour tous meubles, quelques chaises de paille, une table de bois verni, un poêle au milieu de la salle, et, pendue au mur, une ancienne toile, toute craquelée, représentant un cardinal dont je n'ai jamais pu connaître le nom.

Une main maladroite avait retouché les traits du prélat, auquel son ample simarre rouge et ses moustaches relevées en croc donnaient un faux air de Richelieu. La couleur nouvelle, avec ses tons criards, faisait tache sur le vieux fond terni. Que de fois, pendant mes longues nuits d'insomnie, ai-je vu cette figure se détacher de son cadre dédoré, descendre jusqu'à ma couche, et, fixant sur moi son regard sans flamme, obséder mon esprit effrayé ! Le manteau rouge aux vastes replis s'allongeait démesurément, les lèvres minces s'agitaient, et la main droite, levée pour bénir, avait soudain des gestes de menace. Je me roidissais, tout éveillé, contre le cauchemar.

Telle était la chambre où je devais rester couché près de huit mois.

Je passai les premiers jours entre la vie et la mort. J'avais des intervalles de lucidité, bientôt suivis d'accès de fièvre et de délire. C'est dans un de ces tristes moments où ma raison luttait encore qu'eurent lieu les funérailles des soldats qui avaient succombé. Le train qui nous avait conduits à Rouen ramenait avec nous une douzaine de cadavres; ils furent déposés à l'hospice et enterrés le lendemain.

Toutes les troupes alors présentes dans la ville, des bataillons de mobiles, quelques hussards, avaient été réunis pour la cérémonie ; les tambours, drapés de noir, battaient lentement des marches funèbres. Sans doute, la souffrance avait brisé en moi tout ressort, car ce roulement sourd, montant de l'avenue jusqu'à mes oreilles, me causait une émotion singulière; je sentais ma gorge se serrer, je plongeais ma tête sous les coussins, j'avais peur.

Sur le soir, nos officiers et quelques camarades vinrent nous faire leurs adieux; ils devaient se remettre en route au point du jour. Tous étaient péniblement affectés: partis 300, ils se retrouvaient 150 à peine, avant même d'avoir vu un champ de bataille; mais le devoir était là, et l'ennemi, il fallait marcher. Du reste, les plus à plaindre n'étaient-ce pas ceux qui restaient?

Ainsi qu'il est d'usage lorsque les casernes sont encombrées, nos chasseurs avaient été logés chez l'habitant. L'un d'eux, morne et abattu, ne parlait à personne. C'était ce même soir, la veille du départ; accoudé au marbre de la cheminée, il pleurait silencieusement et ne voulait pas manger. Lorsqu'on lui demanda la cause de sa douleur :

— Ah! dit-il, je laisse ici un de mes bons amis que je ne reverrai plus!

J'ai rencontré dans la suite et par pur hasard les personnes qui l'avaient reçu. Au portrait qu'on me fit de lui, à ses cheveux courts taillés en brosse, à ses grands yeux pleins de franchise, à ses traits forts et réguliers, je le reconnus sans peine. Georges E... était un de mes anciens camarades; je faisais mon droit avec lui, et nous nous étions engagés ensemble. Hélas! deux mois après, il devait tomber frappé d'une balle en face de l'ennemi, et je survis aujourd'hui à celui qui pleurait sur moi.

A vrai dire, je semblais perdu; les soins qu'on me prodigua m'arrachèrent à une mort certaine. Bien des personnes en effet s'empressaient autour de moi : la sœur d'abord, la sœur de notre salle, dont je voyais l'ombre silencieuse glisser à chaque instant le long des rideaux. Quand je la devinais près de moi, je me sentais plus tranquille.

Chaque matin, vers sept heures, le médecin de l'hospice faisait sa visite dans notre salle. Ce n'était certes pas une petite affaire que de panser trois fractures sur un même corps; il restait parfois plus d'une heure auprès de mon lit. Dans la soirée, un jeune interne venait s'assurer de notre état, et renouveler le pansement pour la nuit.

J'avais fait prévenir ma famille de l'état où je me trouvais. Un petit mobile, qui couchait dans une des salles voisines, s'était chargé d'écrire la lettre. Un jour, — le docteur venait de sortir, — la porte s'ouvre, et je vois entrer ma mère et ma jeune sœur, toutes deux vêtues de deuil. Quelque effort qu'elle fit pour se contenir, ma mère pâlit affreusement en voyant ce visage livide et amaigri où elle avait peine à reconnaître les traits de son fils. Elle s'approcha de moi, et sans mot dire déposa un long baiser sur mon front. De grosses larmes perlaient dans ses yeux, et moi, pour la rassurer, ranimé aussi par la présence de ces deux êtres qui m'étaient si chers, je me mis à parler, à rire; je roulai même du bout des doigts une cigarette dont je tirai deux ou trois bouffées.

Le cœur d'une mère a besoin d'espérer; la mienne ne soupçonna jamais que dès le principe les médecins m'avaient condamné. Elle venait passer toutes les après-midi près de moi, ne causant pas, de peur de me fatiguer. Ma sœur était là aussi bien tranquille; n'avait-elle pas entrepris de me fournir de charpie? En retournant un peu la tête sur l'oreiller, — c'était le seul mouvement qui me fût permis, — je la voyais le front penché, ses boucles blondes lui retombant sur les joues, effiler ardemment le linge de ses petits doigts, heureuse lorsque la trame se défaisait sans peine, et que les fils entassés formaient dans la corbeille comme une petite montagne blanche.

Cependant les Prussiens allaient arriver. Depuis un long mois déjà, on annonçait leur marche sur

Rouen. Les communications une fois coupées, que deviendrait notre aïeule, que son grand âge avait retenue à l'autre bout de la Normandie ? Partagée entre deux affections égales, ma mère hésitait encore. Quelques bonnes paroles du docteur, un souhait plutôt qu'une promesse, finirent par la décider ; elle partit, et je me trouvai seul de nouveau.

Seul, j'ai tort de parler ainsi : n'avais-je pas là Paul V..., devenu mon compagnon de souffrances, comme il l'était autrefois de mes jeux et de mes plaisirs ? Le pauvre garçon allait mal : du pied, l'inflammation avait gagné la jambe ; on était forcé de l'attacher sur son lit pour qu'il ne pût pas bouger. Visiblement ses forces déclinaient ; il ne mangeait plus. Quand, au travers des rideaux blancs, je considérais ses yeux caves, son front blême, ses traits décharnés, j'étais effrayé.

Moi du moins, je sentais l'appétit renaître, et, m'accrochant à ce petit trapèze de bois qui dans les lits d'hôpital aide les malades à se soulever, je me dressais sur mon séant. Un jour, il me pria de chanter. Chanter ! je ne l'aurais pu ; je lui récitai tout bas quelques-unes des poésies que nous aimions tant et que nous disions ensemble naguère : *le Lac* de Lamartine, des vers d'Alfred de Musset ; puis je me mis à parler du passé.

Emporté au flot de mes souvenirs, je lui rappelai le collège de Sainte-Barbe, où nous avions été élevés tous deux. De là j'arrivai au temps de notre jeunesse, à ces premiers jours de liberté si gaîment dépensés. Mille détails me revenaient à l'esprit, je revivais par le souvenir, et, tout entier à mon plaisir égoïste, je ne tarissais pas.

Quant à Paul V..., il ne disait rien ; le front plongé dans ses mains, les yeux voilés de larmes, il souriait mélancoliquement à ces images d'un passé qu'il m'était doux d'évoquer, mais qui l'attristait, lui, parce qu'il allait mourir.

Dès l'aube, j'étais réveillé par la voix des corneilles qui venaient s'abattre en croassant sur les arbres dépouillés de l'avenue. Je les voyais tournoyer longuement par bandes sinistres avant de se poser, et leurs grandes ailes noires, lourdement secouées, rasaient les vitres de la fenêtre.

A la même heure, dans les cours de la caserne voisine, de leur timbre clair et sonore, les clairons des hussards chantaient la diane, coupée parfois par le hennissement lointain d'un cheval.

Un ballon monté était tombé à Rouen, apportant des délégués du gouvernement de Paris. L'enthousiasme était au comble dans toute la ville, la foule se pressait aux abords de la gare, et nous pouvions entendre de loin les acclamations et les vivats. Tout cela nous mêlait en quelque sorte aux faits de la guerre, et jusque dans notre infortune nous trouvions une singulière douceur à faire des vœux pour la France.

Le 26 novembre, je reçus une lettre. Cette lettre portait le large cachet à croix rouge des ambulances; elle était de R..., un autre de nos camarades parti de Paris avec nous. Dès la première affaire où il assistait, à Saint-Laurent-des-Bois, il avait reçu une balle dans la cuisse; toutefois la blessure n'était pas dangereuse, et il espérait bien, avant peu, retourner à l'ennemi. Le 20e chasseurs s'était du reste bravement conduit, et avait été mis à l'ordre du jour. M*** et Georges E***, deux des nôtres, allaient monter en grade; lui-même en terminant saluait d'avance le jour où, de nouveau réunis, nous pourrions tous les cinq nous conter nos souffrances et nous serrer la main.

Ce souhait, hélas! ne devait pas se réaliser.

J'avais fait passer à Paul V.... la lettre de notre ami; je remarquai qu'au lieu de lire il murmurait à part lui des phrases incohérentes. L'avant-veille déjà, une hémorrhagie s'était déclarée, qu'on n'avait pu arrêter qu'à grand'peine. L'infirmier qui nous veillait s'était absenté un moment; au cri que poussa Paul V... en sentant sa vie s'échapper, le vieillard infirme dont le lit était placé à côté du mien bondit sur ses jambes paralytiques, et je le vois encore, tout perclus, tout courbé, longeant les murs de la main, se trainer précipitamment jusqu'à la porte pour appeler du secours.

A partir de ce jour, les instants de mon malheureux camarade étaient comptés. L'agonie commença bientôt, et dura quarante-huit heures. Une nuit, brisé de fatigue et d'émotion, je m'étais assoupi. Lorsque je me réveillai, par un mouvement instinctif, à la lueur de la petite veilleuse posée sur la table, je jetai les yeux sur le lit en face; le lit était vide.

Je restai muet, immobile, les yeux hagards; je regardais toujours, me refusant à comprendre. Alors le paralytique, qui attendait mon réveil, se pencha vers moi et me dit à voix basse :

« Il est parti. »

II

Nous étions au commencement de décembre.

Depuis si longtemps déjà l'arrivée des Prussiens nous avait été annoncée que bien des gens n'y voulaient plus croire. Quand le 4, au matin, ils parurent devant Rouen, la surprise, puis l'effroi, furent extrêmes. Personne n'est là pour donner ou pour exécuter les ordres ; gardes nationaux et mobilisés, soldats de la veille, s'empressent de jeter leurs fusils; des vauriens s'en emparent et vont casser les vitres de l'hôtel de ville. On croit à l'émeute, au pillage ; quelques heures après, une députation des principaux magistrats se rendait au-devant des officiers ennemis, les invitant à entrer dans la ville. Le seul incident de la journée fut le coup de tête d'un pauvre épicier qui, pendant le défilé, tira sur un officier prussien, et fut passé par les armes immédiatement.

Il était tombé de la neige pendant la nuit, le ciel avait une teinte grise et sale ; de mon lit, en me redressant un peu, à travers la fenêtre ouverte malgré le froid, — car nous voulions voir, — je distinguais le boulevard de l'hospice couvert d'un vaste manteau blanc ; les alentours étaient déserts et silencieux.

Quatre uhlans parurent d'abord, débouchant par le Pont-de-Pierre. Mousqueton au poing, de la main gauche rassemblant leur monture, le corps plié sur la selle, ils avançaient de front sur toute la largeur de la chaussée, lentement, posément, au petit pas de leurs chevaux roux, regardaient de droite et de gauche avec persistance, et n'avaient l'air rien moins que rassuré.

Après ceux-là, il en vint huit, puis seize, puis trente, et d'autres encore. Dès que les premiers avaient parcouru deux ou trois cents mètres, ils se rabattaient sur ceux qui suivaient ; quatre autres se détachaient alors à leur tour pour explorer le terrain.

Le même manège se renouvelait dans chaque groupe; de temps en temps partait un coup de sifflet aigu et prolongé. On connait du reste la prudente tactique des éclaireurs prussiens. Une heure s'écoula ainsi en marches et contre-marches, et le gros de l'armée arriva.

Il était alors une heure de l'après-midi environ. On voyait passer là des soldats de toute arme et de pays divers, des Bavarois, des Saxons, des Prussiens, des Wurtembergeois, les uns avec le casque à pointe ou à chenille, les autres avec le béret rond de drap gros bleu. Ils marchaient en bon ordre, les rangs serrés, le bras gauche ballant par derrière, au son d'une musique où je croyais reconnaître, — comme pour nous faire affront, — quelques mesures intercalées de nos airs nationaux. A part cela, rien de plus contraire à l'idée que nous nous faisons en France d'une marche guerrière.

La voix criarde du fifre dominait, alternativement mêlée aux ronflements du tambourin, sur un petit rythme pressé, saccadé et sautillant comme un air de danse. On a comparé cette musique à celle de nos foires, et c'est justice. Par intervalles passait au galop quelque officier supérieur, lançant à pleins poumons un cri guttural que d'autres après lui répétaient ; au commandement, on voyait les bataillons s'agiter, presser le pas ou ralentir leur marche.

Le défilé dura ainsi jusqu'au soir. Ce fut alors le tour des canons, toute la nuit nous les entendîmes passer devant l'avenue ; pièces et caissons roulaient pesamment sur la neige battue, et leurs lourds cahots ébranlaient le sol ; des coups de sifflet dirigeaient la manœuvre.

Dans notre salle, comme s'il eût pu comprendre, le vieil infirme du fond ne cessait de pousser sa plainte douloureuse. Moi, j'avais le cœur tristement serré, car je venais de voir l'invasion, et je sentais plus que jamais mon impuissance et mon malheur.

Le lendemain, nouveau défilé. C'était l'arrière-garde, des chasseurs bavarois avec leur petit shako en toile cirée à grande visière et leur manteau gris-fer ; ils trottaient péniblement dans la boue, et paraissaient harassés de fatigue. D'ailleurs, durant ces premiers jours, j'eus plusieurs fois l'occasion de voir passer des troupes allemandes ; peut-être n'était-ce là qu'un stratagème de nos ennemis, multipliant les mouvements pour nous en imposer sur leur nombre.

En effet, un corps français tenait encore la campagne dans les environs. Un beau matin, le canon commence à tonner : on se battait aux Moulineaux, au-dessous de Rouen. A cet endroit, l'un des plus beaux sites de la Normandie, et sur une petite hauteur, s'élève un amas de ruines informes connues dans le pays sous le nom de château de Robert le Diable.

C'est là que, retranchés derrière les murs croulants et les anciens fossés plus qu'à demi comblés, des mobiles de l'Ardèche, surpris, trahis peut-être, luttèrent énergiquement pendant trois heures, ménageant leurs cartouches comme de vieux soldats, et causant aux Prussiens des pertes cruelles. Dans Rouen, on eut un moment de joie folle, mal contenue par la présence de l'envahisseur.

A mesure que la lutte se prolongeait, l'espoir et la confiance nous revenaient au cœur. Pour moi, l'oreille aux aguets, tremblant d'émotion, j'échangeais quelques mots avec mon voisin de droite, le père Gosselin, comme on l'appelait familièrement.

Depuis la mort de Paul V..., je m'étais lié avec lui de bonne amitié, et nous causions fréquemment ensemble. Ancien garde-mine exposé par état à de brusques alternatives de chaleur et de froid, il s'était vu pris avant l'âge de douleurs rhumatismales qui lui avaient ravi peu à peu l'usage de ses jambes. Une modeste pension qu'on lui servait lui permettait de se soigner à l'hospice. Depuis plus de quinze ans déjà, il n'en était pas sorti ; il s'était fait du reste à cette vie-là : pourvu que rien ne vint déranger ses petites habitudes, pourvu qu'au retour de chaque semaine sa tabatière d'écaille fût bien remplie de tabac frais, son linge blanc disposé au pied de son lit, l'excellent homme était content.

Comme nous avions ouvert la fenêtre pour mieux entendre : — « Écoutez, écoutez, on se bat, lui disais-je ; tout à l'heure arriveront les blessés. »

— « Oui, caporal, me répondait-il, faisant allusion à mes galons jaunes, que je n'avais pas portés bien longtemps. Ah! je ne suis guère valide, et j'ai grand' peine à me tenir sur mes vieilles jambes ; mais, malgré tout, cela me ferait plaisir de céder ma place à l'un de nos braves petits soldats. »

Ils nous arrivèrent en effet, mais le lendemain seulement, et sous la conduite d'un *hauptmann* prussien.

Dès leur entrée dans la ville, sans perdre un moment, avec cette régularité systématique qui les caractérise, les Prussiens s'étaient emparés de tous les services ; un fort détachement vint surveiller l'hospice, tandis que leurs médecins parcouraient les salles et passaient la visite. Il leur fallait toucher du doigt nos plaies, constater nos blessures, voir de leurs yeux si c'étaient bien du sang français qui tachait la charpie.

Je me rappelle encore quelle fut la panique du personnel de l'hospice et des malades au premier moment. Parmi nous se trouvaient plusieurs francs-tireurs, pauvres diables arrêtés en route, quelques-uns par les balles ennemies, d'autres, le plus grand nombre, par la misère et le froid. Or les Prussiens passaient pour n'aimer point les corps-francs : ne parlait-on pas déjà de représailles et de fusillades ? Aussitôt les sœurs de jeter au feu les vêtements compromettants, vareuses bariolées et chapeaux à plumes de coq. Restaient les cartes de présence appendues au lit de chacun avec des inscriptions diverses : *vengeurs du Havre, hussards de la mort*, noms pompeux dont nos volontaires aimaient à baptiser leurs bataillons. On s'empresse de changer les cartes, et, pieuse supercherie, un terme unique et plus modeste, *éclaireurs à cheval*, remplace les titres suspects.

Les Allemands ignoraient sans doute que jamais notre armée régulière ne compta de corps ainsi désigné ; toujours est-il qu'ils se tinrent pour convaincus.

Cependant leur défiance n'était pas facile à mettre en défaut. Le surlendemain de l'occupation, comme je dormais encore, je me sens légèrement frappé sur l'épaule. Je me retourne : l'économe de l'hospice était devant moi, et avec lui un homme brun de haute taille, à l'air rébarbatif, aux épaisses moustaches noires.

C'était le docteur prussien chargé de m'interroger. Il portait la petite casquette à liseré rouge, de hautes bottes jaunes aux pieds; une vaste pelisse couvrait sans la cacher sa petite tunique bleue ornée de larges boutons dorés; sur la poitrine, plusieurs décorations, parmi lesquelles la Croix de Fer; deux galons d'or couraient sur les manches. On entendait d'autres officiers causer à voix haute dans le couloir.

— « Votre nom !. » me demanda-t-il sèchement.

Je lui désignai du doigt mon livret de chasseur posé sur une planchette au chevet de mon lit. Il le prit, et se mit à lire.

— « Où avez-vous été blessé? » continua-t-il au bout d'un moment.

— « Dans un accident de chemin de fer, à Critot », répondit pour moi l'économe.

Cependant l'Allemand s'était approché de la table où il prenait des notes.

— « Ah! oui, fit-il, parlant par saccades, cherchant ses mots, avec un accent tudesque fortement prononcé, oui, nous avons vu cela en passant; des wagons les uns sur les autres, la machine brisée : oh! malheur, gros malheur! »

Mais bientôt, comme saisi d'un soupçon subit, il s'avança vers moi, et vivement, d'un geste brusque, releva les couvertures. Ce qu'il vit de mon état le rassura sans doute, car il n'insista plus; il replaça mon livret sur la planche, toucha légèrement sa casquette du bout des doigts, et sortit. La même visite devait se renouveler tous les huit jours.

En même temps que les nôtres, quelques blessés prussiens avaient été portés à l'hospice. Comme bien on pense, nos vainqueurs ne s'étaient pas fait faute d'attribuer à leurs soldats toute une partie des bâtiments; du reste, les malades abondaient parmi eux. Chaque matin, ils traversaient l'avenue par bandes de vingt à trente, hâves, défaits, suivis de quelques camarades plus valides, qui portaient les fusils et les sacs.

Les salles qui leur étaient réservées se trouvaient dans un corps de logis à part, sur les derrières de l'hospice; mais ils n'y restaient pas. A peine convalescents, ils se répandaient dans tous les couloirs, d'où l'on n'osait trop les chasser, rôdant, fouillant, cherchant à pénétrer partout. Leur pas lourd et pesant se reconnaissait au passage.

Parfois l'un d'eux entrait chez nous; par l'embrasure de la porte entre-bâillée, j'apercevais une large face aux yeux ronds à fleur de tête, à la barbe inculte et roussâtre; l'intrus regardait un moment d'un air effaré, puis, gêné par notre silence, disparaissait comme il était venu.

On a beaucoup parlé du goût des Allemands pour l'idéal : ceux-ci, du moins, ne songeaient qu'à manger, et, grâce aux réquisitions, ils avaient toujours quelque chose à cuire. Force était aux sœurs de l'hospice de défendre sans cesse contre leurs prétentions les fourneaux où chauffaient les aliments des malades. Nettement éconduits, ils baissaient la tête et se retiraient dociles en murmurant *ya*, *ya*, mais pour revenir à la charge un quart d'heure après.

Dans Rouen, c'était bien autre chose encore.

Des rixes sanglantes éclataient à tout propos entre les soudards étrangers et les gens du pays, et il n'y avait presque pas de jour où l'on n'amenât à l'hospice quelque malheureux, la tête ouverte d'un coup de sabre bien appliqué, toujours au même endroit et de même façon, par le travers de la figure.

Eux-mêmes, il est vrai, perdaient du monde à ce jeu-là. Aussi par ordre supérieur fut-il bientôt interdit de se montrer le soir dans les rues. Leur couvre-feu sonnait dès neuf heures, plus triste encore et plus lugubre que le nôtre, quelque chose comme un gémissement prolongé.

J'accueillais avidement tous les bruits qui me revenaient de la ville. Tantôt c'étaient dix soldats prussiens publiquement décorés pour avoir tué de leur main un égal nombre d'officiers français ; tantôt au contraire un des leurs était fusillé en pleine place de Rouen pour désobéissance à ses chefs ; même en pays conquis, la discipline prussienne, une discipline de fer, n'abdiquait rien de ses droits. D'autres fois, lorsqu'un officier mourait des suites de ses blessures, — et le fait se renouvelait encore assez souvent, — en grande pompe on célébrait les funérailles ; les musiques des régiments jouaient des airs funèbres, et j'entendais au loin les gros instruments de cuivre pleurant comme des orgues d'église.

Un jour arriva le prince Frédéric-Charles ; les hurrahs des Allemands, mille fois répétés, le saluaient au passage ; mais dans la ville occupée bien des maisons avaient arboré le drapeau noir, au risque d'avoir à loger dès le lendemain un nombre double de garnisaires, ce qui eut lieu en effet.

En même temps circulaient sur les événements de Paris les bruits les plus étranges et les plus contradictoires : le général Ducrot avait percé les lignes, le roi Guillaume fuyait de Versailles, la garde nationale marchait sur Étampes, où devait s'opérer la jonction avec les troupes de province.

Le soir même, tout était démenti.

Ballottés ainsi d'un sentiment à l'autre, de la joie sans borne au plus cruel abattement, nous ne savions plus que croire, et nous osions à peine envisager l'avenir.

Encore si quelque billet, la lettre d'un parent, d'un ami, fût parvenu jusqu'à nous, portant la vérité dans ses plis, qui sait si l'échange même de nos patriotiques douleurs ne nous eût pas rendu et le courage et la confiance? Mais les Prussiens avaient mis ordre à tout. Les communications étaient interrompues avec le dehors, aucun courrier n'arrivait plus, et peut-être n'est-ce pas la moindre cause du succès de nos ennemis que ce vide, ce silence, cette atmosphère de doute et d'ignorance qu'ils surent faire autour de nous dans chaque ville, dans chaque province du pays occupé, si bien que la France, disjointe et démembrée, se cherchant elle-même et ne se trouvant pas, ne sentait plus sa force ni son unité.

Un peu avant l'entrée des Prussiens dans la ville, un homme du 20ᵉ chasseurs avait passé par Rouen ; blessé au combat de Villepion, il regagnait le dépôt. Par lui, j'appris que Georges E... avait jusque-là échappé à tout danger, et je m'empressai d'envoyer cette bonne nouvelle à la vieille mère de mon ami. J'eus encore le temps de recevoir la réponse, — c'est du reste la dernière lettre qui me soit arrivée. — Mᵐᵉ E... m'y remerciait de l'intérêt que je portais à son fils, et, rassurée sur le présent, faisait des vœux pour notre bonheur futur.

Pauvre femme ! ce que j'ignorais alors, ce que je n'appris que six mois plus tard, c'est que le soir même de Villepion, à Loigny, après le succès de la journée, comme nos soldats débordés étaient contraints de se replier, dans une dernière charge à la baïonnette, Georges E... fut frappé d'une balle en plein front. Quelques camarades le virent tomber ; par malheur, il ne fut pas relevé, son nom ne parut sur aucun registre d'ambulance, sur aucune liste d'inhumation, et longtemps plus d'un put croire qu'il était seulement prisonnier ; mais il n'a pas reparu.

Cependant mon état commençait à s'améliorer.
J'avais, l'un après l'autre, quitté les appareils de fracture, et je ne saurais dire quel bien-être j'éprouvai à me sentir enfin dégagé ; le supplice durait depuis quatre mois. Bien qu'à les remuer mes jambes me parussent lourdes comme du plomb, j'entrevoyais le jour où l'on pourrait me lever.

Les premières fois, la chose ne se fit pas sans peine; il ne fallait rien moins que quatre personnes pour déplacer mon corps inerte. Avec précaution, j'étais déposé sur un grand fauteuil, deux coussins rangés sous mes pieds. Je n'avais pas voulu, pour m'habiller, des vêtements de l'hospice : sur ma prière, on avait pris soin de réparer mon pantalon bleu et ma petite veste de chasseur ; quelques gouttes de sang tachaient encore les galons. Plaisante qui voudra un sentiment bien légitime: ce costume de soldat, pour lequel j'avais souffert, me consolait, et me relevait à mes propres yeux.

On m'approchait de la fenêtre, mais pour quelques instants seulement. En vain aurais-je voulu me tromper moi-même, surmonter la fatigue : le grand air me grisait, et il fallait m'emporter bien vite.

Peu à peu cependant les forces me revinrent, et je fus libre de rester levé plus longtemps. Je passais là de longues heures, couché dans mon fauteuil, regardant l'horizon par la fenêtre ouverte. L'hiver allait finir, le soleil se montrait déjà plus fréquent et plus chaud ; dans l'avenue, les bourgeons des arbres, gonflés de sève, faisaient craquer leur brune enveloppe.

En face de l'hospice, par delà le boulevard, se dressait une haute colline, âpre et rocailleuse, où d'énormes cailloux, de leur dos rond et luisant, perçaient le sol grisâtre. On n'y voyait ni maisons ni cultures, on apercevait simplement à mi-côte un large espace clôturé de murs en pisé; c'était le cimetière particulier de l'hospice. Grâce à la disposition du terrain qui s'élevait en pente, je pouvais en saisir les moindres détails.

Rien de plus nu, rien de plus désolé que ce champ des morts. Point de pierres tombales ni de monuments; à peine quelques croix de bois peintes en noir, hautes de deux pieds. De vastes tertres formant

Rouen

carré indiquaient la place des fosses communes, comblées l'une après l'autre par la misère et la maladie ; sur le fond gris et sombre, les tombes nouvelles s'annonçaient par leur terre fraîchement remuée.

De temps en temps, la cloche de la chapelle faisait entendre sa voix fêlée et suraiguë ; à cet appel, d'un des bâtiments du bas sortait la voiture des morts portant une bière étroite, à peine recouverte d'un mince drap noir ; en avant marchait un prêtre avec son long surplis blanc, qui récitait à demi-voix l'office des trépassés ; derrière, pour tout cortège, deux ou trois pauvres vieillards nourris à l'hospice. Le convoi lentement montait la pente raboteuse, entrait dans l'enclos funèbre, cherchait son chemin à travers les tombes, et s'arrêtait enfin auprès d'un trou béant. Alors, aidé des vieillards qui avaient suivi, le fossoyeur se mettait à l'œuvre. Du sommet de la côte, quelques Prussiens inoccupés regardaient d'un air d'insouciance.

Et moi, silencieux, je songeais ; car j'avais là un de mes amis, et c'est ainsi que s'en était allé Paul V... Je m'étais fait indiquer le lieu de sa tombe : il reposait tout en haut, à gauche : un arbre planté à ses pieds lui promettait pour les jours d'été un peu d'ombrage et de verdure.

Tout à coup je rompais le charme, et, secouant la tête comme pour chasser mes idées noires, je regardais autour de moi. Le temps avait marché, la guerre était finie, l'armistice signé. Une consolation me restait au milieu de nos malheurs : j'allais enfin revoir ma mère, connaître le sort de mes amis. Le printemps revenait joyeux avec son gai cortège de beaux jours et de fleurs. Les arbres du boulevard, de leurs feuilles nouvelles, formaient déjà comme un rideau vert, et me cachaient la vue du cimetière. L'air chaud et bienfaisant était chargé d'odorantes senteurs. Du jardin on m'apportait à l'envi chaque matin les premières violettes et les premières roses, et les lilas aux longues grappes mauves. On les déposait en tas sur mon lit : à pleines mains, je les prenais, et, plongeant ma tête au milieu des fleurs, j'en buvais à longs traits le parfum. Aussitôt je me sentais ranimé, une indicible sensation de fraîcheur pénétrait tout mon être ; je renaissais à l'espoir, j'étais heureux, je voulais vivre.

III

Grâce à la jeunesse et aux bons soins, Dieu aidant, je vécus. Mes fractures se consolidaient, comme disent les médecins. On me faisait déjà espérer le jour où je pourrais, sur des béquilles, quitter la chambre, parcourir l'avenue.

Oh! ces chères béquilles! dans mon impatience bien excusable, je les avais fait faire trois semaines à l'avance ; elles étaient là dans un coin de la salle, toutes capitonnées de cuir, et je les regardais d'un œil d'envie. Avoir couru sur deux bonnes jambes, être âgé de vingt ans, et soupirer après ces morceaux de bois — quel douloureux changement! Du reste, j'évitais de penser à cela, pour n'être qu'au plaisir de me retrouver debout.

Il arriva enfin, ce jour tant désiré. Après quelques essais préparatoires, je me hasardai à descendre. Bien lentement, avec précaution, croyant marcher, me traînant à peine, et, soutenu de tous les côtés, j'accomplis le trajet, et me trouvai dans la cour.

Un magnifique soleil de printemps illuminait la longue avenue, les arbres touffus, la pelouse, et sur les bas-côtés la double allée coupée d'espace en espace par des bancs de bois peints en vert. Je vis à droite l'amphithéâtre : c'est de là que sortait la voiture des morts, puis, tout au fond, la grille ouvrant sur le boulevard, avec la loge du portier.

Des vieillards goutteux, impotents, pensionnaires de l'hospice, se chauffaient au soleil et causaient entre eux; l'un d'eux, un aveugle, assis sur un banc, avec un mauvais eustache confectionnait de petits objets de bois ; plus loin, quelques convalescents, des jeunes gens ceux-là, jouaient aux cartes sur le sable.

J'allai jusqu'à la grille, où m'attendait un fauteuil, et je m'assis, sentant la fatigue venir; mais mon malheur m'avait fait des amis. Jeunes et vieux, en me voyant passer, avaient interrompu qui leur partie de cartes, qui leurs causeries ; plusieurs se levèrent, et vinrent me serrer la main.

Or ce jour-là, je fis la connaissance de M. Chapelle, Louis Chapelle du Havre, engagé volontaire en 1811-1815 et défenseur du fort de Vincennes, comme il se plaisait à dire lui-même.

Vif, ardent, expansif, il me rappelait mon grand-père maternel que j'avais perdu, ancien soldat également et simple autant que bon. M. Chapelle avait alors quatre-vingts ans bien sonnés, mais il ne voulait pas avouer son âge, et nous le taquinions quelque peu sur ce léger travers ; au demeurant, le plus charmant petit vieillard que j'aie jamais rencontré.

Aux heures de midi, quand le mauvais temps me forçait de garder la chambre, je le voyais arriver d'un air dégagé ; il s'asseyait au chevet de mon lit, et les heures s'écoulaient pour nous en longues causeries. Après une de ces existences ternes et monotones comme en cache tant la province, — il était libraire ou papetier, je ne saurais dire, — la vieillesse le surprenant sans famille, il avait vendu son fonds, et s'était retiré à l'hospice, où du moins il était tranquille.

Chose étrange, il semblait que toute cette partie intermédiaire de son existence n'eût pas laissé de trace dans ses souvenirs ; sans cesse il revenait aux temps aventureux de sa jeunesse. Ah ! c'est qu'il avait bien des choses à raconter, le père Chapelle ! Il pouvait vous faire toucher du doigt, bien près de la tempe, une petite cicatrice blanche, reste d'un coup de sabre qu'il tenait d'un Cosaque, et qui ajoutait à sa vieille tête une ride de plus.

De son ancien fonds de commerce, il avait conservé quelques plates enluminures, telles qu'on n'en voit plus aujourd'hui que chez les marchands d'estampes. Sept ou huit grenadiers de chaque côté, du bleu, du rouge, une roue de canon sur le premier plan, un général à cheval perdu dans la fumée, figuraient tant bien que mal les grandes batailles du premier empire, Wagram ou Friedland, Austerlitz ou Iéna.

Eh bien ! sous ces grossières couleurs, au prisme de ses souvenirs, le brave homme retrouvait nos victoires : il s'échauffait à en parler, se levant, s'agitant, enflant la voix, sacrant même un peu au besoin. Quand, sous nos fenêtres, défilaient des troupes allemandes, musique en tête, c'est alors qu'il fallait l'entendre.

— « Allons, un peu de courage, ami, me disait-il ; ne vous chagrinez pas tant. Les voici chez nous aujourd'hui ; ça ne prouve rien, ami, ça ne prouve rien. Il est vrai qu'ils en sont à leur seconde visite, je les ai déjà vus ici, moi qui vous parle ; mais les Français font bien les choses aussi, quand ils s'y mettent. Nous nous paierons en une fois. Tenez, je vais vous chanter une chanson que je leur ai chantée dans le temps, à leur nez, à leur barbe. C'est mon lieutenant de Vincennes qui l'avait faite; moi, j'étais sergent-major. Nous ne nous étions pas rendus, comme vous savez ; mais, Louis XVIII revenant, il avait bien fallu s'entendre à l'amiable, et quelques officiers étrangers avaient bien voulu visiter le fort : je leur récitai la chanson du lieutenant ; ils étaient furieux, voyez-vous, ils m'auraient fait fusiller, s'ils l'avaient pu ; l'un d'eux me l'a dit. Écoutez plutôt. »

Alors d'une voix cassée par l'âge, mais qu'animait encore la passion, il entonnait ce vieux couplet :

> Contents de vos nobles prouesses,
> Allez cultiver vos guérets ;
> Si vous emportez nos richesses,
> Vous n'emportez pas nos regrets :
> Et quand, nous prenant pour des lâches,
> Vous croyez nous avoir vaincus,
> Souvenez-vous que vos moustaches...

— « Mais, monsieur Chapelle, interrompait gravement la sœur, quel est donc ce tapage ! On n'entend que vous aujourd'hui.

— « C'est bien, ma sœur, je me tais », répondait le brave homme tout interdit, et la chanson en restait là.

A mon tour, j'étais devenu l'un des familiers de la grande allée.

Chaque jour après le dîner, pourvu que le ciel n'eût pas de menaces, je quittais la chambre, chaudement couvert, et venais m'asseoir près de la grille. Autour de moi, les convalescents marchaient, jouaient, causaient ; plusieurs étaient des chasseurs, victimes du même accident que moi, d'autres des soldats blessés aux Moulineaux, et c'était vraiment un douloureux spectacle que celui de tous ces uniformes trop larges pour les corps amaigris ou retombant languissamment sur un membre amputé.

Les gens du dehors s'arrêtaient devant nous, et au travers de la grille nous considéraient d'un air de pitié. Un jour, une femme d'un certain âge, qu'à son extérieur on reconnaissait sans peine pour une femme du peuple, s'approcha des barreaux. J'étais, comme à l'ordinaire, étendu dans mon grand fauteuil, le corps caché sous les couvertures. Elle me regarda quelque temps, puis je la vis fouiller dans la poche de sa vieille robe d'indienne décolorée et se détourner un peu.

— « Caporal, caporal ! » — fit-elle; et un petit paquet

tomba à mes pieds ; on le ramassa pour moi ; je le dépliai : il y avait sept sous dans un morceau de papier.

Que vous dirai-je ? Je fus ému ; la pauvre femme avait sans doute un fils à l'armée, un fils blessé peut-être, et, songeant à lui, elle m'avait donné sa faible obole, sept sous, tout ce qu'elle avait pu. Comment refuser une pareille aumône ? comment repousser cette main qui se tendait vers moi, voulant soulager mon malheur ? Je ne m'en sentais pas le courage. Quand je relevai la tête pour remercier la bonne mère, elle avait déjà disparu.

De l'endroit que j'avais choisi, j'apercevais la place de la gare, où gravement, pendant des journées entières, manœuvraient les Prussiens. En revanche et comme contraste, à l'arrivée des trains, sur le boulevard passaient par longues files nos soldats désarmés, artilleurs et lignards, cavaliers et mobiles, pauvres diables que l'on renvoyait chez eux, sans pain, sans habits, sans chaussures ; leur air minable et piteux faisait la risée de nos ennemis.

Soldat français moi aussi, je souffrais pour eux de ces rires, et ma haine de l'étranger s'en fût accrue au besoin. Nombre d'Allemands étaient encore soignés à l'hospice ; chaque soir, leurs médecins venaient les visiter. L'un d'eux, un homme à cheveux gris, à la physionomie douce et bonne, me salua un jour en passant. M'avait-il déjà vu ? Je ne sais ; mais il revint tout à coup sur ses pas, et, après un léger moment d'hésitation, s'arrêtant près de moi :

— « Les deux jambes ? Vous êtes blessé des deux jambes ? » — me dit-il en mauvais français.

Comme je ne répondais pas, il chercha son porte-cigares, y prit un londrès, et me l'offrit. Je refusai de la main.

— « Oh ! pourquoi ne pas accepter ? reprit-il. Vous paraissez bien triste ; si je pouvais faire quelque chose pour vous, j'en serais heureux, croyez-le. J'ai une femme à Berlin et de petits enfants; je ne fais pas la guerre, moi, je suis médecin, je soigne les blessés. Acceptez, je vous prie. »

En vérité, cela était dit d'un ton persuasif et touchant. Il faudrait cependant s'entendre sur cette feinte bonhomie des Allemands. Quant à moi, je les tiens pour plus sensibles que tendres, braves gens égoïstes jusque dans leurs larmes, pleurant parce qu'il est doux de pleurer, s'apitoyant après coup sur les malheurs qu'ils causent, vous offrant un cigare et mutilant votre patrie.

Je regardai mon homme d'un œil si froid qu'il se tut; seulement il prit quelques cigares dans sa poche, les jeta sur ma couverture, et partit précipitamment. Depuis ce jour, je l'ai revu bien souvent; il saluait, mais ne s'arrêtait plus; je lui rendais son salut.

Déjà les promenades dans l'avenue ne me suffisaient plus. Fort de la bienveillance générale, je vaguais un peu partout dans les bâtiments de l'hospice.

Tantôt j'allais voir les vieux pensionnaires et causer avec eux dans leurs petites chambres : à la guerre étrangère avait succédé la Commune, la guerre civile; ils me rapportaient du dehors nouvelles et journaux.

Tantôt je visitais en détail les salles des malades, le réfectoire, les cuisines aux vastes fourneaux coiffés d'énormes marmites en cuivre jaune, ou bien encore la chapelle avec ses bancs de bois et ses fresques naïves. — Enfin, je demandai à sortir.

Ma première visite devait être pour le cimetière; j'achetai quelques fleurs, des héliotropes, des marguerites, et en compagnie de Louis Chapelle j'allai les déposer au pied de la tombe où repose mon ami Paul V...

Une autre fois, je désirai faire une promenade dans la ville, que je ne connaissais pas encore. On m'emmaillotta comme un enfant, car l'air vif du matin aurait pu me saisir, et, plus qu'à demi couché, la tête seule émergeant hors des couvertures, je pris place sur une voiture découverte. Mon vieil ami s'assit à côté de moi.

Pour cette occasion, il avait mis ses plus beaux habits et sa médaille de Sainte-Hélène, dont l'orbe de métal, brillant comme de l'or, pendait au bout d'un ruban neuf. La ville, je ne la vis point : un autre spectacle m'absorbait tout entier. Partout, dans toutes les rues, sur toutes les places, au coin des casernes et des cafés, nous retrouvions les Allemands, leurs officiers, rogues et guindés, trainant le long des quais des sabres démesurés. Un bataillon saxon faisait l'exercice auprès de la cathédrale ; des sentinelles silésiennes montaient la garde devant la mairie ; d'autres, dans la Grand'Rue, se promenaient par sept ou huit à pas lourds, en fumant sans mot dire leurs longues pipes de porcelaine.

Quand approchait la voiture, ils s'écartaient lentement, gagnaient le rebord de la chaussée, puis fixaient sur nous ce long regard vague qui semble si souvent chez eux remplacer la pensée. On eût pu voir alors Louis Chapelle se redresser fièrement et toiser nos vainqueurs d'un air de menace et de mépris. Haine inoffensive sans doute ; mais c'était la seule qui nous fût permise ! A nous deux, tels que nous nous trouvions là, lui, le brave vieillard aux glorieux souvenirs, moi, pauvre enfant au corps brisé, n'étions-nous pas la vraie image de la France ?

Cependant le séjour de l'hospice m'était devenu insupportable. J'avais hâte de fuir cet air empesté et le spectacle attristant de tant de misères. Pour achever ma guérison, il me fallait ma mère et le pays natal. Je m'adressai à l'intendance. Après de trop longs délais, que la confusion amenée par les derniers événements rendait peut-être inévitables, on me délivra mes papiers.

Un détail me frappa en les parcourant : sur ma feuille de convalescence, à la colonne des blessures, la place avait fait défaut pour noter en détail celles que j'avais reçues : le docteur avait dû abréger.

Eh! qu'importait après tout? J'étais libre, j'étais sauvé. Je dis adieu à cette salle où j'avais vu la mort de si près, et où j'avais perdu mon ami ; je dis adieu aux médecins, aux sœurs qui m'avaient soigné, à ces pauvres vieux que le malheur m'avait donnés pour camarades, et, sous la garde d'un infirmier, je quittai pour toujours les murs de l'hospice.

Au moment du départ, je crus voir le père Gosselin glisser discrètement une pièce d'argent dans la main de mon guide et me recommander à lui. — Dans la gare, désarroi général : les employés couraient çà et là tout effarés, ne sachant auquel entendre ; sur les quais et les voies de garage, sans souci de la pluie, d'énormes amas de marchandises, des malles, des colis, attendaient pêle-mêle ; les salles regorgeaient de voyageurs. L'affluence était telle qu'on ne faisait plus distinction de classes : chacun se plaçait à sa guise.

Dans cette foule, beaucoup de prisonniers qu'on rapatriait. Leurs yeux caves, leurs traits tirés, leurs vêtements salis par huit longs mois de captivité, faisaient vraiment peine à voir. Plusieurs s'approchèrent de moi en apercevant mon uniforme : ils me demandaient mon histoire, et me racontaient la leur en retour : comme quoi trop longtemps ils avaient vécu en Allemagne, nourris d'une infecte bouillie de millet, entassés par centaines dans des casemates, malades la plupart de misère et de désespoir.

J'eus beaucoup à souffrir durant le voyage. Le service n'était pas encore rétabli sur toute la ligne ; les ponts d'Elbeuf avaient été coupés par l'ennemi, et ne permettaient plus de passer le fleuve : je dus, prenant la route de Serquigny, remonter jusqu'à Mantes aux environs de Paris. Les temps d'arrêt se renouvelaient presque à chaque gare. Après dix heures passées dans le train, nous n'étions encore qu'à quelques lieues de Rouen. Nous arrivâmes enfin à Argentan.

Le soleil s'était levé à l'horizon, ses flèches d'or venaient frapper les vitres du train couvertes de buée et dissipaient le sommeil. Je mis la tête à la portière. Bien au loin devant moi s'étendaient à perte de vue ces riches plaines de la Normandie, semées de trèfle et de luzerne, où de grosses fleurs rouges perçaient le tapis vert; autour des prés et formant lisière, les pommiers, chargés de petites pommes à peine formées, inclinaient paresseusement jusqu'à terre leurs branches alourdies.

Je distinguais au vol les jeunes poulains vaguant en liberté, les moutons peureux et les troupeaux de belles vaches rousses qui cessaient un moment de paître et nous regardaient passer.

C'était précisément le jour de la Fête-Dieu. De toutes parts nous arrivait le gai carillon des cloches; par les routes et les sentiers qui serpentaient à travers la plaine, allaient en groupes animés, leurs livres d'heures à la main, les bonnes femmes avec la haute coiffe du pays, les gars en habit du dimanche et les fillettes toutes enrubannées. Ces champs, ces pommiers, ces villages, m'étaient bien connus; c'est au milieu d'eux que j'avais passé mon enfance, c'est à eux que je pensais si souvent sur mon lit de douleurs, c'est auprès d'eux que, mourant, je venais puiser à nouveau les forces et la santé.

A Vire, le train s'arrêta : nous avions encore deux heures devant nous. L'air du matin m'avait mis en appétit; j'y retrouvais comme une petite odeur salée, l'odeur de la mer.

Je sortis de la gare; non loin de là s'offrait une humble guinguette fermée d'une clôture en treillis, à l'extérieur propret et avenant. Dès que je me présentai, toute la maisonnée accourut au-devant de moi ; la mère, brave paysanne, le vieil aïeul, ingambe encore malgré ses soixante-dix ans, et les petites filles sous leurs plus beaux atours : elles revenaient de la messe. On m'installa une modeste table en plein air ; sur la nappe blanche, quelques mets bien simples, le beurre du pays, où scintillaient les gouttelettes de petit-lait, du cidre de l'an dernier et l'une de ces omelettes qui font la gloire de nos ménagères. Pendant le déjeuner, les poules venaient familièrement picorer jusque sous mes pieds. En partant, j'embrassai les enfants, qui regardaient mes béquilles d'un air étonné, et deux heures après j'étais à Granville.

Là m'attendaient ma mère et ma sœur ; je descendis du train, recueillant autour de moi les marques de pitié et de sympathie. — «Oh ! doux Jésus ! le pauvre monsieur ! » — s'exclamaient les braves villageoises en leur parler doucereux et trainant, et les hommes se découvraient bien bas. J'arrivai ainsi jusqu'à notre maison, perchée au haut de la ville et continuellement fouettée par le vent de mer ; je revis la bonne Lise, qui m'avait fait tout enfant sauter sur ses genoux, qui, après avoir soigné le vieux grand-père, doit veiller désormais sur le petit-fils ; je revis la terrasse, notre petit jardin et son bel *altea* aux feuilles vernies et métalliques, aux grosses fleurs tardives. Je revis la mer et la plage. Et rien n'était changé que moi !

Combien me fut douce la vie de famille après tant de jours d'absence, tant de maux soufferts, tant de désirs ardemment caressés, chacun le devinera sans peine. Une pensée me poursuivait cependant, qui quelquefois m'attriste encore. Je venais de retrouver à Granville un ami d'enfance, parti depuis longtemps. Il avait servi dans l'infanterie de marine, et avait eu dès le début de la guerre la jambe droite emportée. Égaux par le malheur, nous eûmes renoué bientôt les liens de notre ancienne camaraderie. Nous nous réunissions le soir sur la plage, et j'éprouvais un amer plaisir à l'interroger.

Lui du moins, il avait fait campagne, il avait respiré l'odeur de la poudre, il avait entendu gronder le canon et siffler la mitraille, il était tombé un jour de bataille, à l'heure du succès, au milieu des morts ennemis. C'était à Bazeilles. L'infanterie de marine venait de pénétrer dans le village, après en avoir chassé les Allemands : trois cents Bavarois tenaient encore, barricadés dans l'église. On enfonce la porte à coups de canon, et nos soldats s'élancent, baïonnette en avant. Les premiers tombent foudroyés ; d'autres les suivent, et, courbés, à pas lents, se faisant un rempart avec les cadavres, franchissent la porte de l'église.

Alors la mêlée fut horrible. En vain les Bavarois, acculés aux murs, demandent grâce et jettent leurs fusils : on les poursuit jusque dans les tribunes, jusque sous les orgues. Quelques-uns, fous de peur, essayaient de grimper le long des tuyaux, leurs doigts crispés glissaient sur les parois polies ; à coups de baïonnette, à coups de crosse, les nôtres frappaient sans relâche, et, par grappes sanglantes, les corps lancés dans le vide allaient se briser contre le pavé, pendant que les orgues heurtées gémissaient sourdement. Quelques instants plus tard, mon ami tombait à son tour, mais il avait pu savourer la vengeance.

Voilà ce que j'entendais, et à ces récits de guerre, de massacre, je sentais tout mon sang bouillonner dans mes veines, mon cœur battait plus fort, ma tête se perdait, j'étais fou. J'enviais au brave garçon une aussi glorieuse blessure ; d'un œil jaloux je regardais sa jambe de bois.

D'ailleurs, pourquoi me plaindre ? Avoir fait son devoir, n'est-ce donc pas une consolation ? Si la patrie a droit vraiment à tout notre amour, sachons lui faire encore le sacrifice de nos petites vanités.

Nous étions cinq en quittant Paris au commencement du mois d'août, alors que l'ennemi envahissait la frontière ; nous nous étions engagés ensemble pour partager le même sort et affronter les mêmes périls. Sur ce nombre, deux sont morts, un a été blessé; un autre, fait prisonnier au Mans, comme je l'ai su plus tard, n'est rentré en France que trois mois après, et moi, le plus malheureux de tous peut-être, je reste maintenant estropié, boiteux, invalide à vingt ans pour tout jamais inutile.

Ah! j'eusse aimé voir un jour en face cet ennemi que j'étais allé chercher, et que je n'ai pu combattre ! J'aurais voulu, au premier signal, m'engager de nouveau, porter le sac et le fusil, prendre ma part de la revanche. Cet espoir ne m'est pas permis ; mais j'ai des frères, des amis, tous animés de la haine sainte, tous pleins de foi dans les destinées de la France, et du présent injuste en appelant à l'avenir.

C'est à eux que j'ai confié ma dette...

Tu m'avais demandé, ami, l'histoire de ma triste campagne ; la voici telle que je l'ai écrite pour tromper les ennuis d'une longue convalescence.

F. DE G.

LE SERGENT HOFF

ÉPISODE DU SIÈGE DE PARIS

Le sergent Hoff.

LE SERGENT HOFF [1]

ÉPISODE DU SIÈGE DE PARIS

I

Il fut célèbre deux mois entiers : on l'appelait le *chasseur d'hommes*, et les Parisiens avaient fait de lui leur héros.

C'était bien là en effet le type du franc-tireur, un de ces hommes comme il en fallait pour harceler l'ennemi, lui tuer du monde, donner du temps aux armées de province. A l'ordre du jour, sur les rapports partis de la place, le nom de Hoff revenait sans cesse, et les plus sceptiques étaient forcés de croire des choses presque invraisemblables. Au 10 novembre, n'avait-il pas déjà tué de sa main plus de trente Prussiens ? Seul ou presque seul, il courait la campagne, faisant la guerre en vrai partisan, enlevant les sentinelles ennemies, surprenant les postes. Un jour il délogeait les Prussiens de l'île des Loups, une autre fois il s'emparait de Neuilly.

De Nogent à la Ville-Évrard, sur toute la rive droite de la Marne, il était roi du pays. Pour tant de hauts faits, il avait reçu la croix. Des *reporters* allèrent le voir aux grand'gardes, les gazettes publierent sa biographie, son portrait courut les rues, et plus que

---

[1] Ce récit a paru dans la *Revue des Deux-Mondes*, le 1ᵉʳ janvier 1873.

jamais dans Paris on parla de sorties, de surprises, de francs-tireurs et de *guerilleros*.

Cependant le siège traînait en longueur. Janvier était venu, et invinciblement les cœurs se fermaient à l'espérance ; on ne s'attendait plus qu'aux mauvaises nouvelles. On sut qu'à Champigny Hoff avait disparu.

Qu'était-il devenu ? Un journal chercha, s'informa : les révélations furent accablantes. Le fameux sergent n'était qu'un espion ; de son vrai nom il s'appelait Hentzel, et avait grade de lieutenant en premier dans un régiment de chasseurs bavarois. Ses exploits si vantés ne s'expliquaient que trop bien : à la faveur de sa réputation, il traversait librement nos lignes, passait chez ses camarades, leur révélait et nos mots d'ordre et nos projets, puis revenait chargé de faciles dépouilles, casques ou fusils, qui lui servaient à nous tromper sur son véritable rôle.

En vain quelques-uns des hommes qui avaient marché avec Hoff voulurent-ils protester de son innocence ; en vain firent-ils connaitre ses états de service et le détail de sa vie. On refusa de les croire. Le faux sergent d'ailleurs n'avait pas tardé à recevoir son châtiment : des francs-tireurs de la Seine, dans une petite expédition, l'avaient surpris, reconnu et fusillé sans autre forme de procès ; ils citaient l'endroit, c'était sur l'autre rive de la Seine, du côté de Bezons. Dès lors le doute n'était plus permis. Avec la même ardeur qu'elle avait mise à exalter son héros, la population parisienne accueillit les bruits outrageants qui couraient sur lui ; on s'étonna d'avoir pu s'engouer ainsi d'un agent des Prussiens ; on accusa même le gouvernement de s'être prêté à cette triste mystification, et plus d'un s'écria, — le mot alors était à la mode : — nous sommes trahis !

Or le sergent Hoff existait bien réellement. Le pauvre garçon était innocent ; il avait fait son devoir jusqu'au bout, et, à l'heure même où on le traitait d'espion, prisonnier en Allemagne, il était forcé de changer de nom pour dérober aux Prussiens sa tête mise à prix. Après quatre mois de captivité, de retour en France, il a fait partie de l'armée de Versailles et a reçu, en entrant à Paris, une blessure qui désormais le rend impropre au service. Récemment encore il était au fort du Mont-Valérien, attendant sa retraite ; c'est là qu'il m'a conté son histoire.

Il parle lentement, sobrement, d'un ton exempt de forfanterie, avec ces hésitations et ces tours de phrase particuliers aux paysans alsaciens. Ne cherchez point une tête expressive, une de ces physionomies qui frappent au premier abord. Hoff est un homme d'une quarantaine d'années, de taille moyenne, aux yeux bleus, à l'air doux et calme, une bonne figure de soldat, en un mot. Son dos déjà voûté, ses cheveux gris, ses traits fatigués le font paraître plus vieux que son âge ; on s'use vite au métier qu'il a fait. Simple d'allures, un peu gauche même, il craint de se livrer, et garde toujours une certaine réserve ; mais sous ces humbles dehors se cache une nature fortement trempée, capable des plus beaux dévoûments. Il ne manque d'ailleurs ni de finesse ni d'intelligence ; la lèvre mince a un sourire tout particulier. Quand il s'anime, l'œil, petit et vif, semble lancer des éclairs, ses traits prennent tout à coup une expression d'énergie singulière, et il sait alors trouver le mot juste. — « Mais comment donc avez-vous fait pour en tuer autant à vous seul ? lui demandait un général. — Comme j'ai pu », répondit-il.

Il est admis en principe que les grands caractères se révèlent de bonne heure : préjugé ou non, Hoff avant la guerre n'avait fait pressentir en rien ce qu'il devait être un jour. Il est né en Alsace, dans le canton de Marmoutiers, à quelques kilomètres de Saverne. Plâtrier de profession, dès l'âge de quatorze ans, il quittait la maison paternelle pour commencer son tour de France. En 1856, la conscription le prit, et il entra au régiment.

Il ne savait presque rien alors; il savait un peu lire, un peu écrire, et encore en allemand; c'est au service qu'il apprit le français. Aussi son avancement fut-il bien pénible; il mit dix ans à passer caporal. D'ailleurs, par un curieux hasard, dans ce long espace de deux congés il n'avait fait aucune campagne, et ce vieux soldat, qui dès les premiers jours du siège de Paris devait déployer tant d'audace et d'habileté, n'avait jusque-là jamais vu le feu. Tout au plus avait-il passé quelques mois à Rome avec l'armée d'occupation. La guerre le trouva sergent instructeur à Belle-Isle-en-Mer, où était caserné le dépôt du 25° de ligne.

Qu'aurait-il fait? On ne saurait dire, — son devoir, à coup sûr, car il passait pour un bon serviteur, discipliné et solide; mais un événement imprévu vint tout à coup surexciter son énergie et décupler ses facultés. Vers le milieu du mois d'août, il apprenait par une lettre que son père, vieillard de soixante-quatorze ans, avait été pris et fusillé par les Prussiens en essayant de défendre son foyer. Heureusement la nouvelle était fausse, comme il le sut plus tard; mais le coup était porté. Dès ce moment, la guerre devenait pour Hoff une question personnelle; le ressentiment privé s'ajouta en lui à cette haine imprescriptible que tout Alsacien nourrit au fond du cœur contre les gens de l'autre côté du Rhin, et durant toute la campagne il ne songea qu'à venger son père.

Il voulait partir sur-le-champ, fût-ce en simple soldat; on avait besoin d'hommes; il put garder son grade. En quelques jours, il passa de Belle-Isle à Vannes et de Vannes à Paris; il fut incorporé au 7° de marche, partit pour Châlons avec le corps du général Vinoy, et le 1ᵉʳ septembre au matin il se trouvait de grand'garde en avant de Reims. On entendait dans le lointain gronder le canon de Sedan, et les détonations se succédant sans relâche disaient assez l'acharnement de la lutte. Bientôt arriva la nouvelle du désastre, puis l'ordre de battre en retraite.

Il était temps. Les Prussiens entraient à Reims deux heures à peine après nous. Déjà la veille, aux avant-postes, une femme était venue dire que trois éclaireurs ennemis se reposaient dans une ferme voisine. Hoff s'offrait à les poursuivre, mais l'officier n'avait pas d'ordres ; la bonne femme fut congédiée. Alors seul, sans mot dire, pour la première fois insoumis, le sergent se lança dans la campagne. Il chercha pendant trois heures ; il ne connaissait pas le pays, il s'égara et dut rentrer comme il était parti. Les Prussiens, du reste, ne perdaient rien pour attendre.

En sortant de Paris par le bois de Vincennes, on trouve à main gauche le village de Nogent, avec ses petites habitations rouges et blanches perdues dans le feuillage, ses ruelles désertes qu'embaume l'odeur des jardins, et, dans le fond, son beau viaduc aux arches gigantesques, qui, franchissant la Marne en deux enjambées, décroît graduellement de chaque côté et se dessine à l'horizon comme une dentelle de pierre. Toujours à gauche et suivant le fleuve, passe la route de Strasbourg, qui de Nogent par le faubourg du Perreux mène à Neuilly et à la Ville-Évrard. De cet endroit, la vue embrasse tout l'autre côté de la Marne : dans le bas, Petit-Bry avec son clocher rustique et ses maisons groupées par étages ; à gauche Noisy-le-Grand, à droite la vaste ferme du Tremblay, et plus loin, dans le haut, Villiers, Cœuilly, tous ces villages de la banlieue parisienne aux noms si riants jadis, aujourd'hui devenus sinistres, car la guerre étrangère a passé par là, et partout les traces en sont restées, comme si les choses, elles aussi, voulaient garder le souvenir. Sur les deux berges de la Marne, piétinées au pas des soldats, le gazon rare et poudreux, souillé de plâtras et de débris, semble, après deux ans, n'avoir pu retrouver encore son ancienne fraîcheur. Çà et là, dans le sol, des trous profonds d'un demi-mètre : ce sont les trous des sentinelles perdues ; puis des arbres coupés dont les troncs morts percent la terre. Les murs des jardins et des maisons, réparés à la hâte, montrent, ainsi que des cicatrices, la place des meurtrières, et ces grands carrés blancs font tache sur le fond noirci. Des balles ont cassé les treillis, brisé les clôtures. L'œil s'attriste à ce spectacle, et cependant voici venir de pesantes voitures chargées de matériaux ; au tournant de la route, des peintres en chantant rétablissent l'enseigne d'un cabaret, tandis qu'aux environs s'entend le grincement du fer sur la pierre et le marteau des ouvriers qui réparent le pont de Bry.

Tout ce pays a maintenant sa légende. C'est là en effet que Hoff devait se battre et se distinguer ; c'est là, à quelques pas de Paris, dans ces jardins et ces enclos, qu'il allait faire cette guerre de ruses et d'embuscades dont les détails rappellent les romans de Fenimore Cooper, et semblent empruntés à la vie des *Prairies*.

Aux premiers jours de l'investissement, nos troupes, on le sait, ne dépassaient guère la ligne des forts, et l'ennemi s'était avancé bien au delà des limites qu'il devait conserver plus tard. Le 7ᵉ de marche était alors posté en avant de Vincennes, mais n'occupait pas Nogent. Pendant la nuit, les éclaireurs prussiens poussaient des reconnaissances jusque dans le village, et, quand ils passaient au galop, à la clarté de la lune, on voyait leurs ombres rapides se profiler sur les murs. — Impatient d'en venir aux mains, Hoff s'adresse à ses chefs ; à grand'peine il obtient l'autorisation, réunit une quinzaine d'hommes résolus, part à la tom-

Les éclaireurs prussiens poussaient des reconnaissances jusque dans le village.

bée de la nuit, et, tournant le village, va s'embusquer dans un fossé le long de la Marne, en face des premières maisons de Bry. L'œil aux aguets, le fusil armé, on attendit quatre grandes heures.

Tout à coup de Petit-Bry, sur le chemin de halage, par la rue qui de la mairie descend vers la rivière, débouche un détachement de cavalerie : ils arrivaient en nombre, trois cents pour le moins, fumant sans défiance et causant entre eux ; les cigares des officiers brillaient dans la nuit. C'était le moment. Au signal donné, les quinze fusils s'abaissent et font un feu de peloton. Surpris dans cet étroit espace entre le fleuve et les murs des enclos voisins, les Allemands ne peuvent ni avancer ni reculer ; les chevaux éperdus se cabrent, les cavaliers tombent, l'escadron se débande, nos hommes tiraient toujours. Il y eut un moment de confusion indescriptible. Enfin des maisons de Bry sortent des fantassins qui commencent à riposter ; en même temps quelques coups de feu éclatent sur la gauche. Craignant d'être tourné, Hoff donne l'ordre de la retraite ; lui-même quitte la partie le dernier. Le lendemain, quand le jour parut, les Prussiens, comme d'habitude, avaient soigneusement enlevé leurs morts et leurs blessés ; mais une cinquantaine de chevaux jonchaient encore le terrain.

En se retirant, Hoff avait remarqué l'endroit d'où sur notre rive étaient partis des coups de fusil : là devaient être leurs grand'gardes. En effet, à l'abri des ruines du pont, ils avaient établi un poste de quatre hommes ; chaque matin, pour les relever, ils passaient la Marne en bateau. Le sergent résolut de s'en assurer. Un soir, seul cette fois, il se dirige vers la Marne, et, moitié rampant, moitié marchant, arrive sans être entendu. Accoudé à un tas de pierres, un Bavarois faisait la faction ; il regardait mélancoliquement couler l'eau et rêvait sans doute au pays. Hoff s'élance et lui fend le crâne d'un seul coup de sabre, puis il avise une sentinelle debout sur la rive gauche, à l'autre extrémité du pont, il prend son fusil, et l'abat. Un Allemand accourt, tire sur le sergent, le manque, et tombe à son tour frappé d'une balle. Tout cela n'avait pas duré deux minutes. C'est ce que Hoff appela son *premier Prussien.*

Un tel début méritait bien certains privilèges : Hoff put dès lors s'écarter à sa guise et faire la guerre comme il l'entendait ; on lui confia même quelques hommes pour l'accompagner. Du reste, il mettait grand soin à préparer ses petites expéditions, et, toujours le premier au feu, il exposait mille fois sa vie avant d'engager celle de ses camarades. Il partait seul à la brume, le fusil sur le dos, un revolver au côté, le sabre nu passé dans la ceinture. Le long des haies, par les sillons, au fond des fossés, il se glissait, rampait sur les mains, à plat ventre, fouillant des yeux les ténèbres, s'arrêtant au moindre bruit, puis reprenant sa marche.

De temps en temps, il mettait l'oreille contre terre et écoutait. Un arbre, une branche cassée, une pierre, des traces de pas sur l'herbe, tout lui était bon, tout lui servait d'indice ou de point de repère. Il s'approchait ainsi des lignes ennemies et observait à loisir. Parfois il était entendu. *Wer da? qui vive?* criait la sentinelle. *Gut Freund! bon ami!* répondait-il dans la même langue, et le bon ami aussitôt sortait de sa cachette, tombait sabre en main sur l'Allemand surpris, et d'un seul coup bien asséné lui fendait le casque et la tête. Les coups de sabre ne font pas de bruit.

Certain jour, sur la route de Strasbourg, entre Nogent et Neuilly-sur-Marne, vers l'endroit qu'on appelle le Four-à-Chaux, deux cavaliers ennemis se trouvaient en reconnaissance. Hoff par aventure cherchait fortune du même côté. Au bruit des pas, il se dissimule derrière une palissade, tire son sabre et attend. L'un des uhlans avait mis pied à terre, et, laissant son

Sentinelles prussiennes.

cheval à son camarade, était parti en avant. Un à un, il suivait les arbres de la route, le dos courbé, prêtant l'oreille ; qu'on juge de son épouvante quand il aperçut à trois pas dans l'herbe deux yeux ardents qui le regardaient. Sans lui laisser le temps de la réflexion, Hoff fond sur lui, le tue raide, puis court à l'autre cavalier, qui, les mains prises dans les rênes, essaie en vain de se défendre, et l'étend mort également. Les deux chevaux partent au galop. Hoff les a toujours regrettés.

Quelquefois, il est vrai, les choses ne se passaient pas aussi simplement : une sentinelle donnait l'alarme, le poste ennemi s'armait, il fallait jouer du fusil. Notre sergent est un excellent tireur, mais il n'aimait pas à prodiguer la poudre.

« Voyez-vous, me disait-il, il ne s'agit pas de tirer beaucoup. Deux, trois cents mètres, voilà la bonne distance ; à trois cents mètres, je suis sûr de mon coup. J'ai fait mieux que ça une fois, mais ce n'est pas le cas ordinaire. J'étais avec mon lieutenant dans une maison de Nogent, une petite maison rouge au bord de la Marne ; on voit encore les trois créneaux que j'avais percés près du toit. Tout en haut du viaduc, sur l'autre rive, nous aperçûmes comme un point noir ; à cette distance, quatre cents mètres au moins, on aurait dit une branche d'arbre. Le lieutenant prend sa lorgnette. — Mais c'est un homme, un officier, me dit-il ; il y a quelque chose à faire. — Je regarde à mon tour ; avec la lorgnette, on le distinguait fort bien : un grand beau garçon, ma foi ! à favoris blonds, à casquette plate. Je voudrais le reconnaître, s'il vivait encore. Appuyé sur le parapet, il prenait des notes. Je mets la hausse à quatre cents mètres, j'épaule, je tire, il s'affaisse, et par-dessus le parapet va rouler dans le chemin creux qui de chaque côté conduit au viaduc. Au bout d'un moment, un des leurs arrive pour le ramasser ; j'y comptais. Je tire une seconde fois ; l'homme ne tomba pas, mais la balle sans doute avait passé bien près, car il s'enfuit et ne reparut plus. J'attendis en vain jusqu'au soir. Ils n'osèrent enlever le corps qu'à la nuit. »

Outre son chassepot, dont il se servait si bien, Hoff emportait avec lui, dans les derniers temps, une de ces carabines Flaubert, appelées *fusils de salon*, qui partent presque sans bruit, et qui à trente pas, pourvu qu'on vise à la tête, peuvent encore renverser un homme. Elle lui avait été remise par l'aumônier de son régiment : c'était le don d'une personne qui voulait rester inconnue. Un capitaine de l'état-major du général d'Exéa lui fit aussi un cadeau d'une lorgnette ; il s'en servait pour étudier de loin les positions de l'ennemi.

Quand toutes ses mesures étaient prises, quand il avait pied à pied reconnu son terrain, choisi sa route et combiné son plan d'attaque, Hoff revenait pour chercher ses hommes ; ils étaient bien douze ou quinze : Klein, Huguet, Chanroy, Barbaix, gens déterminés, habiles à tous les exercices du corps et ne craignant pas leur peine.

En quelques mots, il leur expliquait la chose, tel bois à fouiller, tel poste à surprendre ; puis, prudemment, à la file indienne, la petite troupe se mettait en marche. Dans la suite, chaque régiment eut ainsi sa compagnie franche régulièrement formée : on a peu parlé pendant le siège de ces francs-tireurs de la ligne, on leur préférait les vestons éclatants et les chapeaux à plumes de coq ; ils n'en ont pas moins rendu de grands et réels services. Au matin, selon l'importance des renseignements obtenus, Hoff revenait faire son rapport.

Grande alors était l'émotion parmi les troupes casernées à Nogent ; gardes nationaux et mobiles, tous accouraient pour contempler ces vaillants, et, à les voir rentrer ainsi, déguenillés, couverts de boue, noirs de poudre, et plus semblables à des bandits qu'à des soldats, les moins timides demeuraient stupéfaits.

Au régiment, c'était à qui leur ferait fête : les camarades étaient fiers d'eux, les officiers les félicitaient et leur serraient la main ; mais le plus heureux encore était peut-être leur colonel. Court et fort, les traits énergiques, la parole brève, sévère aux autres et à lui-même, le colonel Tarayre ne plaisantait pas dans les affaires de service : « un rude homme », disaient les soldats ; avec cela, le cœur grand et bon. Son régiment était pour lui comme une famille, et dans cette famille ses francs-tireurs étaient les plus aimés. Lorsqu'il les voyait partir chaque soir : — « C'est vous, mes enfants ? leur demandait-il de sa grosse voix. Allons ! très bien ! bon courage ! Et maintenant me voilà tranquille. Quand ces gaillards-là sont dehors, je puis aller me coucher et dormir sur les deux oreilles. »

Au fond, le brave colonel dormait un peu moins qu'il ne voulait dire, et plus d'une fois la nuit on le rencontra seul, revolver au poing, faisant sa ronde à travers nos lignes, au risque d'attraper lui-même un coup de fusil.

La discipline la plus sévère régnait chez les compagnons de Hoff ; lui-même, dans un langage énergique, avait pris soin de les prévenir : — « Vous voulez marcher avec moi, c'est fort bien ; mais le premier de vous qui dort en faction, le premier qui bat en retraite sans avoir attendu mes ordres, je lui brûle la cervelle. De votre côté, si vous me trouvez en faute, ne m'épargnez pas non plus. »

Chacun d'eux, ainsi que lui, portait le sabre nu, sans fourreau, pour éviter ce perpétuel cliquetis de fer qui de loin si souvent a trahi nos soldats. Tout homme enrhumé était impitoyablement congédié et renvoyé à l'hôpital ; pour un franc-tireur, à quelques mètres de l'ennemi qu'il est venu surprendre, un accès de toux ne vaut rien. Défense de fumer : la nuit, par habitude, on allume sa pipe, et l'on se fait envoyer une balle ; défense aussi d'emporter le moindre objet d'aucune maison. Nogent était alors complètement désert, et, comme dans tous les villages autour de Paris, les habitants, surpris par l'annonce du siège, étaient partis, abandonnant leur linge et leur mobilier ; mais Hoff et les siens ne s'en souciaient guère, ils ne songeaient qu'aux Prussiens ; à peine prenaient-ils le temps de dormir.

Pour cette guerre de sauvages, il faut du courage sans doute, beaucoup de courage, de l'adresse aussi, de l'astuce, mais plus encore du sang-froid. Or le Français, avec des qualités réelles, manque de calme trop souvent. Par chaleur de sang, par gloriole même, par une sorte de bravoure inconsidérée, il ne s'accommode pas longtemps de moyens qu'il juge trop peu généreux ; content d'avoir pour un instant prouvé son adresse, il a hâte d'égaliser la lutte, il se découvre tout à coup et se fait tuer noblement au moment même d'atteindre le but ; mieux vaudrait tuer l'ennemi. Hoff, un soir, sortant de Nogent, demandait quelqu'un pour l'accompagner. Tous ceux qui étaient là semblaient hésiter : un mobile s'offrit alors, un petit mobile de la Vienne, qui n'avait jamais tiré un coup de fusil.

Il avait si bon air pourtant sous sa longue capote grise, il paraissait si bien décidé, que le sergent l'accepta. Tous deux partirent à pas de loup, et, s'engageant dans la vaste plaine qui sépare Nogent de Neuilly-sur-Marne, arrivèrent près d'une ferme, sorte de bâtiment plat, où les Prussiens avaient établi un poste important. Une première sentinelle tombe sans bruit sous le sabre de Hoff ; un coup de carabine fait justice de la seconde. Ce que voyant, notre mobile vise à son tour et tire ; mais il avait compté sans son chassepot, dont la détonation plus bruyante vient troubler tout à coup le calme de la nuit. A ce bruit bien connu, les *wer da* se croisent, le poste s'agite, les hommes sortent et prennent position en avant de la ferme. Ils

Les tirailleurs du sergent Hoff.

n'étaient pas moins de deux compagnies, et nos lignes se trouvaient à trois kilomètres. Sans hésiter, le mobile met baïonnette au canon, et seul contre trois cents s'apprête à charger : le danger le grisait. En vain Hoff veut-il l'arrêter, lui faire entendre raison ; il fallut l'entrainer de force, à coups de pied, à coups de poings, sous une grêle de balles qui hachaient les buissons. Parvenu à l'autre bout de la plaine, il n'était pas encore calmé.

Plus tard, il reconnut sa folie, car il avait vu la mort de bien près, et comme après tout *il avait du bon*, suivant les termes du sergent, celui-ci voulut bien s'occuper de lui : il apprit l'escrime du sabre et de la baïonnette, et en peu de temps réussit à faire un vrai soldat. Il a suivi Hoff plusieurs fois, et a reçu la médaille militaire.

Chaque jour amenait ainsi quelque audacieuse tentative qui inquiétait l'ennemi. Le coup venait-il à manquer : persévérant comme un Peau-Rouge, Hoff patientait un peu, puis recommençait sur de nouveaux plans. Tôt ou tard, si méfiants qu'ils fussent, les Prussiens se laissaient prendre à ses ruses.

En effet, pour leur faire du mal, il n'y avait pas de tour qu'il n'imaginât. Ne s'avisa-t-il pas un jour de les effrayer avec du gros plomb ? De l'autre côté de la Marne, en face du Perreux, règne une longue haie vive couvrant un enclos planté d'arbustes ; c'est ce qu'on appelle *la Pépinière*. Au derrière de la haie, les Prussiens avaient creusé des tranchées, et de là, bien abrités, défiant les balles, ils tiraillaient tout à leur aise. Le Perreux n'était pas tenable, personne ne pouvait plus sans péril s'aventurer près du fleuve ; déjà des gardes nationaux, des mobiles, avaient été tués, et leurs cadavres abandonnés pourrissaient sur la berge. Hoff cette fois semblait joué. En secret il dépêche un des siens à Paris, et avec l'argent de sa paie se fait apporter pour neuf francs de plomb numéro 5,

— celui qui sert à tirer le chevreuil, — puis il embusque ses hommes. Chacun, par-dessus la cartouche ordinaire, glisse une bonne charge de plomb, et au signal donné toute la bande tire à la fois. Le succès fut complet : le plomb sifflait, bruissait, les branches volaient en éclats, la haie entière semblait s'agiter. Que durent s'imaginer les Prussiens ? Virent-ils là quelque mitrailleuse d'un nouveau genre ? Toujours est-il qu'ils détalèrent bien vite et ne revinrent plus.

Quelquefois avec de la paille, une vieille tunique, un pantalon rouge, nos rusés compères, tant bien que mal, confectionnaient un mannequin. On coiffait le tout d'un képi, et cela servait à occuper les Prussiens. Le lieu de la scène était bien choisi : c'étaient d'ordinaire ces jardins en terrasse qui bordent la Marne au delà du Perreux, et qui tous alors étaient reliés entre eux par de vastes brèches. Lentement, posément, deux bras hissaient le bonhomme au-dessus d'un mur, la tête rouge se laissait voir un moment, disparaissait, montait, puis s'éclipsait encore pour reparaître un peu plus loin. Pendant ce temps, les camarades guettaient, et si, trop curieux, un casque à pointe ou un béret bleu se trahissait à l'horizon, le châtiment ne se faisait pas attendre. Ce jeu-là, il est vrai, n'était point sans danger, car les Prussiens, eux aussi, tiraient avec fureur ; de toutes parts, les balles arrivaient, ricochant sur les murs et cassant les treillis.

Par un beau jour du mois d'octobre, la partie venait d'être chaudement engagée. Un lieutenant se trouvait là, un tout jeune homme, récemment sorti de l'Ecole, qui, peu habitué au feu, se troublait et pâlissait. Alors un des hommes, d'un ton bourru, avec cette familiarité brutale que donne le danger : — « Ah ! vous savez, vous, lui dit-il, si vous tremblez toujours comme ça, nous ne vous emmènerons plus avec nous. »

— Le pauvre lieutenant pâlit encore sous le reproche : il ne répondit pas; mais, prenant sa lorgnette, il se dresse de toute sa hauteur au-dessus du mur, et là, bien à découvert, se mit à regarder. Un feu nourri salua sa présence; lui ne broncha pas, et tranquillement : — « Où visez-vous ? — A cent cinquante mètres. — Oui, c'est bien cela, la hausse à cent cinquante mètres, vous pouvez tirer. » — Et il regardait toujours ; ses soldats durent l'emmener de force. A partir de ce jour, on ne l'a plus vu trembler.

Contre de tels ennemis, les Prussiens redoublaient de précautions, de prudence, et Dieu sait si à l'occasion ils savent être prudents. Pour se garder près du Four-à-Chaux, ils avaient un gros chien de ferme dont les aboiements inquiets ne permettaient pas d'approcher. Quand ils venaient relever leurs vedettes, c'était toujours à plat ventre, en défilant derrière les haies, sans armes, de crainte de s'embarrasser ; celui qui entrait en faction prenait le fusil de son camarade. Ils avaient, un moment, voulu grimper dans les arbres, et de là observer nos lignes ; mais les branches, déjà dépouillées par le vent d'automne, ne les cachaient qu'à moitié ; après quelques essais malheureux, ils y renoncèrent. La nuit, ils se rassemblaient au cri de la chouette, un gémissement sourd, prolongé, poussé par deux fois, puis tout à coup un cri plus aigu. Hoff avec ses hommes se servait du sifflet.

Eux aussi s'ingéniaient parfois à trouver quelque bonne ruse. En avant de Petit-Bry, non loin de l'endroit où furent jetés les ponts de bateaux la veille de Champigny, la berge s'élève brusquement en forme de colline. Chaque jour, à plusieurs reprises, des uhlans passaient par là pour porter des ordres : ils couraient à bride abattue, car la route se trouve au sommet de la crête ; mais, si rapide que fût leur allure, bien souvent une balle les arrêtait en chemin. Un matin, comme Hoff et sa troupe faisaient le guet aux environs, ils virent venir de loin une vieille voiture, sorte de berline démodée, recueillie dans quelque ferme voisine : elle avançait cahin-caha, d'un air bien honnête, au petit pas de deux chevaux maigres ; sur le siège, et menant l'attelage, une façon de paysan. En vérité, l'invention était trop grossière ; sans s'y laisser prendre un moment, nos Français tirent, les chevaux tombent, trois ou quatre hommes s'élancent de la voiture et cherchent à fuir. On ne leur en donna pas le temps.

Ici se place un des faits d'armes qui firent le plus d'honneur au courage et à l'intrépidité du sergent. Auprès de Nogent, le lit de la Marne est coupé par deux longues iles couvertes d'arbres et de broussailles. Tout Parisien les connait bien : la première est l'île des Loups, elle se termine en museau de lièvre, et le viaduc y appuie ses deux arcades principales ; l'autre se nomme l'île des Moulins. Toutes deux étaient alors au pouvoir des Prussiens. Depuis plusieurs jours déjà, Hoff explorait la rive : il avait remarqué en aval du fleuve un banc de sable encombré d'ajoncs, et près de là une petite barque engravée. Il se glisse à la nage, dégage la barque à grand'peine, puis réunit deux ou trois hommes, bons nageurs comme lui ; à la nuit, l'un d'eux plonge et va sous l'eau, au bout même de l'île des Loups, fixer la corde qui doit servir à remonter le bac. Des rames, on n'en avait point ; le moindre bruit d'ailleurs eût tout perdu. Un jour presque entier s'écoule. Du milieu des joncs où ils se tenaient blottis, nos hommes pouvaient voir le factionnaire ennemi se promener paisiblement, l'arme au bras. Profitant d'une minute où il a le dos tourné, ils sautent dans la barque ; l'autre les aperçoit, mais trop tard, lâche son coup de fusil et se sauve. En même temps une escouade de quinze hommes, à l'abri des arches du viaduc, passait la Marne en bateau et se répandait dans l'île. Plus de

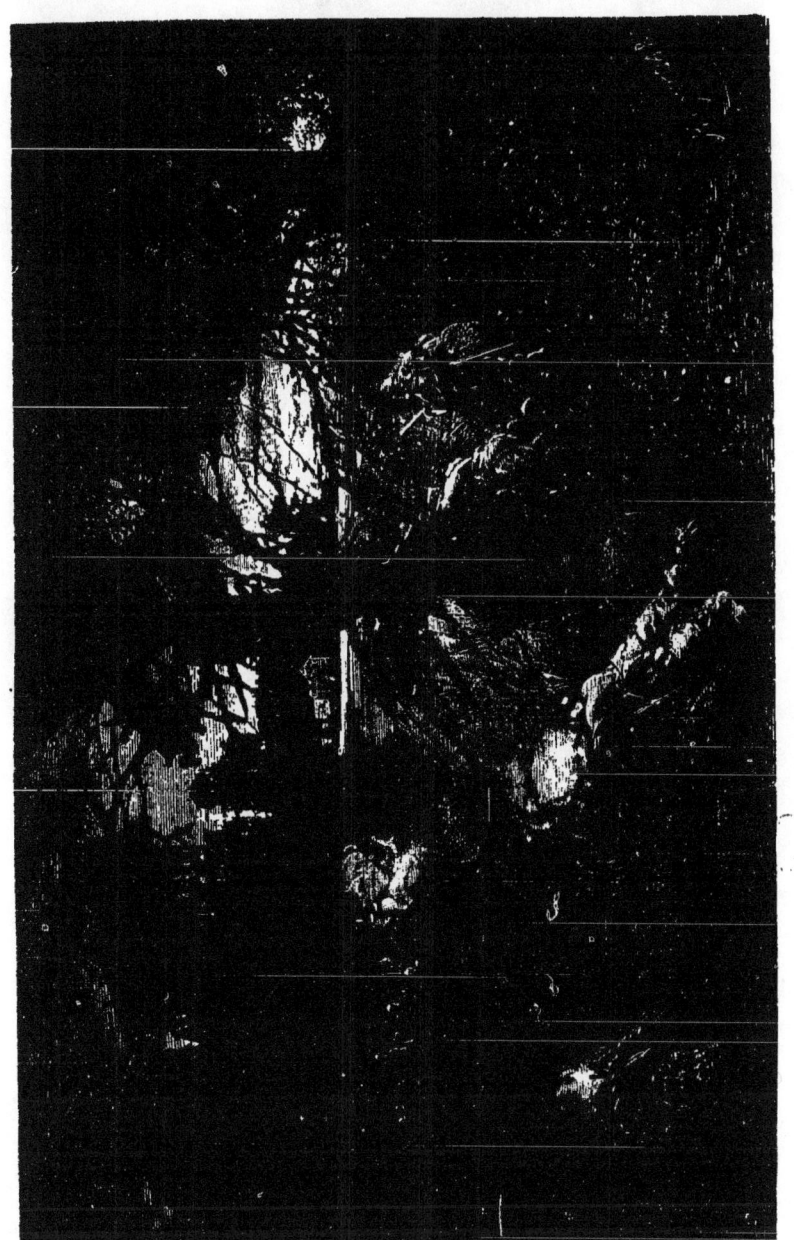

Combat du sergent Hoff dans l'île aux Loups.

trois cents rejoignirent ensuite ; les Prussiens avaient fui.

A peine maître de la place, avec cette promptitude qui à la guerre fait la moitié du succès, Hoff s'occupe de prévenir un retour offensif de l'ennemi. La fusillade continuait toujours sur la gauche. En quelques minutes, des tranchées sont creusées, des terrassements construits. Le sergent lui même place ses hommes, et les endroits les plus périlleux sont pour ses vieux amis.

A l'extrémité de l'île des Loups, du côté qui regarde l'île des Moulins, s'élève un chêne gigantesque dont le tronc, formé de trois souches, penche au-dessus des eaux : ce fut le poste de Barbaix. Un singulier homme que ce Barbaix ! petit, courbé, la tête en avant, grommelant toujours, les allures d'un vieux sanglier : ses camarades l'avaient surnommé Le Rouge, à cause de la couleur de sa barbe ; un brave garçon d'ailleurs, bien qu'enragé contre les Allemands.

Couché comme un serpent le long de son arbre, entre ciel et eau, toute la nuit il tiralla. En face à trente pas, derrière un arbre également, les Prussiens avaient une sentinelle. Les deux hommes se surveillaient, s'épiaient. Dès que l'un d'eux risquait un mouvement, montrait le bras ou la tête, l'autre tirait : l'écorce des arbres était littéralement hachée par les balles ; mais Barbaix, plus adroit, ne fut pas même touché, deux fois le Prussien tomba, et fut remplacé Au matin, quand on vint trouver Le Rouge pour le relever de faction, il ne voulait pas partir et demandait à tuer le troisième.

Cependant les Allemands s'étaient émus de cette attaque imprévue : ils crurent qu'une sortie se préparait vers Nogent. Toute la nuit, on entendit dans le lointain rouler leurs caissons, leurs voitures, et le lendemain, sur les hauteurs de Chennevière, on pouvait avec la lorgnette distinguer des batteries déjà installées. Or nous n'étions guère en force de ce côté pour soutenir un choc sérieux. Un seul régiment, quelques mobiles, suffisaient à peine à garder Nogent et la rive droite de la Marne. Ordre fut donné d'évacuer l'île des Loups ; mais auparavant le général d'Exéa voulut en personne visiter les positions ; il était suivi de tout son état-major. Il complimenta le sergent de sa belle conduite, et en terminant lui attacha sur la poitrine le ruban rouge de la Légion d'honneur. C'était la première croix donnée par la république ; il faut convenir qu'elle avait été bien gagnée.

II

Ceci se passait vers la fin du mois d'octobre. Le nom de Hoff était déjà bien connu, mais son dernier exploit, la distinction dont il venait d'être l'objet, mirent le comble à sa réputation. Parfois, quand il rentrait à Nogent, on lui montrait tel ou tel personnage, venu tout exprès pour le voir. Ignorant de sa gloire, insoucieux même de ce qu'on pouvait dire, Hoff saluait et passait, — et le lendemain les journaux redisaient les longues conversations tenues avec lui.

Il recevait aussi des lettres, lettres d'inconnus, écrites pour la plupart dans un style bizarre et ampoulé. J'ai eu moi-même une de ces lettres sous les yeux : c'était un curieux mélange de phrases françaises et de mots allemands, de signature point ; mais on y reconnaissait sans peine le style et la main d'une femme, écriture anglaise nette et déliée, ton exalté, presque mystique. « Je prie pour vous, disait-elle à Hoff. Sauvez de la mort des milliers d'innocents ; tuez Bismarck, tuez Guillaume ; alors la paix sera conclue, et votre père sera vengé. » — Et plus loin des conseils : « Usez du fulmi-coton ; ne vous compromettez pas. J'espère. *Gott will es !* Dieu le veut ! » A diverses reprises, Hoff reçut des lettres de la même écriture ; il ne les ouvrait même plus.

En effet, sans tuer Bismarck et Guillaume, il avait bien assez à faire. Malgré notre départ, les Prussiens n'avaient point osé rentrer dans l'ile des Loups, mais ils étaient toujours maîtres d'un des bras de la Marne, et d'anciennes barques de canotiers leur servaient à le parcourir. Hoff, sans prévenir, un soir se jette à l'eau tout habillé et traverse les deux bras à la nage. Arrivé près de l'endroit où les barques étaient amarrées, il essaie de les détacher, les chaines étaient en fer. Du moins ne pourra-t-on dire qu'il s'est dérangé pour rien. A quelques pas sur la berge était un trou, un factionnaire dans le trou. Il se glisse doucement hors de l'eau, les bras d'abord, le buste ensuite, car ses vêtements qui ruissellent pourraient trahir sa présence, puis s'élance sur l'Allemand et le sabre. A peine aperçu, il plonge de nouveau pour rejoindre le bord.

Par malheur, à mi-chemin entre les deux îles, un bas-fond tout à coup l'arrête. Son fusil, qu'il avait en bandoulière, s'accroche parmi les herbes, sa capote imprégnée d'eau gêne ses mouvements. En même temps, de l'une et l'autre rive Prussiens et Français tiraient par-dessus lui : les balles venaient en sifflant fouetter l'eau autour de sa tête. Un moment il se crut perdu, mais cette pensée même lui a rendu des forces. Par un suprême effort, il réussit à se dégager et atteint la berge. Il était temps. On s'empresse autour de lui, on le débarrasse de ses armes, on fait sécher ses vêtements. A la lame du sabre, une poignée de cheveux roux était encore attachée.

Sur ces entrefaites, Hoff est mandé chez le général Le Flô, alors ministre de la guerre. Il s'agissait de porter des dépêches au maréchal Bazaine, enfermé dans Metz. Pour forcer la ligne d'investissement, franchir cent lieues de pays, de pays occupé, traverser une seconde fois, avant d'arriver, toute une armée assiégeante, on n'avait pu mieux choisir que le brave sergent qui depuis deux mois déjà déjouait par ses ruses les précautions de l'ennemi. En peu de mots, le ministre lui exposa l'entreprise, non sans en reconnaitre les difficultés, les périls. Hoff accepta, et comme on lui offrait en récompense le grade d'officier : — « Non, répondit-il, je n'ai pas assez d'instruction. — Mais alors que voulez-vous ? — Ce que je veux ? Réussir ! Oh ! je réussirai, j'en suis sûr ; mais, vous ensuite, donnez-leur donc une bonne *roulée !* » — C'était tout à la fois demander bien peu et beaucoup.

Pour remplir plus facilement sa périlleuse mission, Hoff avait besoin de détails précis sur l'effectif ou la position des différents corps de l'armée allemande. Voici ce qu'on imagina. Débarrassée dès avant le siège de ses hôtes les plus ordinaires, la vaste prison de la Roquette avait été spécialement réservée à nos trop rares prisonniers de guerre. Ils n'étaient guère plus d'une centaine, des Bavarois, des Hanovriens, des Saxons, tous bien traités, bien nourris. Du dehors on leur apportait des vivres et du vin, on leur avait même laissé leurs sacs. Quel frappant contraste avec ce qui s'est passé en Allemagne ! Ah ! si ceux-là au retour ont pu voir la misère et le dénûment de nos pauvres soldats prisonniers, franchement qu'ont-ils dû penser de leurs compatriotes, et qui ont-ils jugé le plus grand du vainqueur ou du vaincu ?

Afin d'éveiller moins les soupçons, Hoff avait revêtu l'habit d'un des gardiens de la maison ; il s'approchait des détenus d'un air bon enfant, s'adressait à eux en allemand, leur offrait des cigares, les faisait causer. Eh bien ! s'il faut le dire, il n'en tirait pas grand'chose. On a beaucoup raillé nos pauvres mobiles de province, qui, jetés tout d'un coup dans cette vie des camps qu'ils ne connaissaient pas, ballottés d'un corps d'armée à l'autre, passant sans cesse de régiment en régiment et de bataillon en bataillon, épuisés, affamés, perdus, ahuris par la défaite, pouvaient tout au plus nommer l'escouade dont ils faisaient partie. Soyons pour eux moins sévères. Parmi ces lourds Allemands depuis longtemps façonnés au métier de la guerre, la plupart ignoraient tout de leurs armées, de leurs mouvements, de leurs positions, et, si quelques-uns se taisaient par défiance, beaucoup aussi ne disaient rien parce qu'ils n'avaient rien à dire.

Le départ de Hoff, plusieurs fois retardé, avait été fixé au 28 octobre ; il devait se mettre en route le soir, sans arme aucune et sous le costume de paysan. Son plan était, parvenu sur les bords de la Moselle, de se lancer à la nage, et de pénétrer ainsi dans la place assiégée. Mais, lorsque, à l'heure dite, il se présenta au ministère pour prendre ses dernières instructions, rien n'était prêt encore : on attendait de Metz une dépêche qui n'arrivait pas. Un lit de camp lui fut installé au milieu même des bureaux de l'état-major : il y passa la nuit, attendant toujours. Enfin on l'appelle dans le cabinet du ministre, il entre. Le vieux général paraissait triste, abattu, et d'une main fiévreuse tourmentait sa longue barbiche blanche. — « Vous ne partez pas, sergent, dit-il à Hoff précipitamment. Non, c'est fini pour cette fois, bien fini ; mais si jamais nous avons besoin d'un homme énergique, je saurai que vous êtes là. » — Il lui adressa encore quelques paroles bienveillantes et le congédia. Deux heures plus tard, le bruit se répandait dans Paris que Metz avait capitulé.

Jusque-là, et bien qu'il jouit d'une certaine indépendance, Hoff était resté toujours attaché à son régiment, recevant les ordres de ses officiers. Par une faveur insigne, en le congédiant, le ministre lui accorda de n'être plus soumis à personne, et de s'adjoindre douze hommes qui relèveraient de lui seul. C'est ce que Hoff désirait le plus. Libre désormais de ses mouvements, il redoubla d'audace et ne vécut plus qu'au dehors, allant et venant sans cesse au travers des lignes prussiennes. Il emportait sur lui une carte de l'état-major. Des paysans aussi le conduisaient, gens du pays instruits de tous les détours et de tous les sentiers. L'un d'eux, Merville, ouvrier maçon, garçon adroit et intelligent, s'était mis au service du général d'Exéa.

Justice est due à ces pauvres campagnards, — et il y en eut encore quelques-uns, — qui au-devant de nos armées, par leur connaissance de lieux, soit comme guides, soit comme espions, cherchèrent à se rendre utiles, et patriotes, eux aussi, risquèrent bravement leur vie à ce métier sans gloire. Le danger était double en effet. Il fallait, comme de raison, se garder des Prussiens, mais bien plus encore des Français, gardes nationaux ou corps francs, qui, dans leur zèle intempestif, eussent fusillé sans choisir amis et ennemis. — Un jour qu'il venait d'explorer les carrières à plâtre, au delà de Nogent, pour s'assurer qu'elles n'étaient point minées, Merville par hasard tomba sur des francs-tireurs en reconnaissance. Avec sa blouse bleue, son vieux chapeau et son aspect misérable, il devait paraître suspect ; on l'arrête. Restait à l'interroger. Il eut beau se réclamer du général d'Exéa, fixer la place où l'on trouverait ses papiers cachés, non loin de là, au bout d'un champ, sous une grosse pierre ; nos guerriers d'occasion ne voulaient rien entendre.— Déjà ils l'avaient fait mettre à genoux et s'apprêtaient à le fusiller, quand soudain quelqu'un de la bande fut comme pris de scrupule. Réflexion faite, on le relève, on lui lie les poings, et haut le pas, à grand tapage, on le conduit au fort de Noisy. Il y demeura cinq jours, au bout desquels il fut renvoyé. On s'était

Merville surpris par les Francs-Tireurs.

trompé ; mais pendant ce temps-là nos généraux n'avaient plus d'espion.

Conduit par Merville, Hoff s'était avancé jusqu'aux premières maisons de Neuilly-sur-Marne ; il s'était rendu compte du nombre des ennemis, il connaissait leurs positions, leurs ouvrages, et il avait résolu de tenter un grand coup. Tout ce charmant pays est admirablement disposé pour une guerre de surprises ; partout des plis de terrain, des bouquets de bois, des haies vives. Au milieu et plantée de beaux arbres, passe la route de Strasbourg, que continuent Neuilly et sa Grand'Rue. On arrive alors sur la place de l'église, — édifice roman du XIII° siècle, à cintres bas et rapprochés, à clocher carré, coiffé de tuiles en forme de pignon. Dans toute sa longueur, la Grand'-Rue avait été dépavée, et les blocs de grès arrachés, puis méthodiquement rangés l'un sur l'autre, faisaient comme un immense damier.

En cas de sortie, notre artillerie eût été arrêtée dès les premiers pas, forcée de prendre à travers champs; mais l'ennemi n'avait pas tout prévu. Par les fossés qui des deux côtés bordent la route de Strasbourg, Hoff a fait avancer sa troupe ; déjà il pénètre dans la Grand'Rue, quelques coups de fusils s'échangent, trois ou quatre hommes tombent du côté des Prussiens, les autres s'enfuient. On combattit encore sur la place de l'église, mais ce ne fut qu'un instant. Ils avaient été si bien surpris que plusieurs, réunis dans l'ancien café du village, s'amusaient alors à jouer au billard : ils n'eurent que le temps de s'échapper par les jardins, laissant les billes sur le tapis. Dans l'église, où ils avaient établi un poste de cavalerie, l'autel était souillé, les vitraux brisés, des vêtements sacerdotaux mis en pièces étaient épars sur le sol. La première pensée du sergent fut de courir à la cloche et de sonner le tocsin pour épouvanter les fuyards ; la corde ne se trouva plus. Hoff prit aussitôt toutes les mesures nécessaires : deux hommes, par son ordre, grimpèrent dans le clocher, en observation, d'autres allèrent surveiller la route, du côté de la Ville-Évrard ; le reste se répandit un peu partout, aux endroits les plus exposés.

Rien n'était fini en effet : vers la gauche, à l'abri d'un rideau d'arbres d'où l'on ne pouvait guère les déloger, les Prussiens avaient leurs réserves. Hoff s'attendait à être attaqué ; il le fut, et par des forces telles que toute résistance devenait impossible. Les nôtres, à leur tour, durent se replier en hâte, il fallut même abandonner les deux hommes qui occupaient le clocher. C'étaient un simple soldat et un caporal, du nom de Chanroy, souffreteux et débile, du moins en apparence, mais d'un courage à toute épreuve. Par bonheur pour eux, personne ne songea sur l'heure à visiter le clocher ; mais leur situation n'en était pas moins critique. Du haut de la poutre où ils se tenaient accroupis, ils avaient vue sur le poste ; les cavaliers, rentrés dans l'église, passaient et repassaient sous leurs pieds. Un mot, un accès de toux, quelque plâtras se détachant pouvait les perdre ; au moindre bruit, l'ennemi montait.

Une seule consolation leur restait alors : lutter sans merci, à outrance, jusqu'à la dernière cartouche, et dans l'étroit escalier de la tour vendre chèrement leur vie.

Hoff cependant ne les oubliait pas ; sans perdre de temps, il a fait demander du renfort au village le plus voisin. Des francs-tireurs s'y trouvaient, — francs-tireurs de la Presse, — qui lui envoient une trentaine d'hommes et un lieutenant ; le sergent commandera seul, comme de raison. Ainsi renforcée, par le même chemin, la petite troupe se remet en marche. Mais il a fallu attendre la nuit. Que sont devenus Chanroy et son camarade ? Auront-ils pu rester cachés si longtemps ? Hoff le premier bondit en avant ; une seconde fois les Prussiens surpris se sauvent presque sans combattre. Au pas de charge, on enfile la Grand'-Rue, on arrive sur la place ; en ce moment, contre toute attente, les deux hommes sortaient de l'église, mais pâles, les traits creusés, méconnaissables ; à peine avaient-ils la force de tenir leurs fusils.

Ils avaient passé quarante-huit heures dans cette tour ouverte à tous les vents, transis de froid, serrés au mur, n'osant ni broncher ni parler, sans autre nourriture qu'un biscuit chacun ; ils chancelaient comme des hommes ivres. Ils essayèrent de manger, mais ne purent ; l'épreuve avait été trop pénible, on dut les envoyer à l'ambulance, et depuis lors ni l'un ni l'autre ne s'est jamais bien relevé.

Neuilly cette fois nous appartenait. Renonçant à l'offensive, les ennemis s'étaient retranchés plus au loin dans les vastes bâtiments de la Ville-Évrard, l'asile d'aliénés bien connu, où devait plus tard périr le général Blaise, et de là ils promenaient la nuit des feux électriques pour prévenir toute nouvelle attaque.

Ils avaient du reste en deçà de Neuilly conservé un poste avancé. C'était le cimetière, situé au centre d'une vaste plaine que domine le plateau d'Avron, et isolé de toutes parts. Ils s'y glissaient le soir par derrière, en rampant le long des sillons. Avec de l'audace et pourvu que l'affaire fût lestement conduite, on pouvait encore les surprendre. Ainsi pensa Hoff, qui au moyen de sa lorgnette avait reconnu des chasseurs saxons. La nuit venue, à plat ventre, selon l'habitude, nos hommes se dirigent vers le cimetière. Se présenter à la porte, il n'y fallait point songer ; elle devait être barricadée. Le plus court était de tourner le mur et de gagner la brèche qui servait d'entrée à l'ennemi ; mais dans cette immense plaine toute dénudée il n'était guère facile de s'avancer sans être aperçu. Ils approchaient cependant ; déjà le mur était tourné, quand un *Wer da* retentissant se fait entendre. — « *Still, still!* tais-toi ! répond Hoff en allemand; officier saxon ! » — Et le sergent s'élance aussitôt; ses hommes le suivent; une lutte terrible s'engage corps à corps au milieu des tombes. En un instant, une vingtaine de Saxons périssent égorgés, le reste s'échappe éperdu.

Quelle devait être la colère des Allemands, leur terreur aussi, en présence d'un tel adversaire ! Un naïf témoignage nous permettra d'en juger. A droite de la Ville-Évrard, au bord de la route, est une petite maison basse avec appentis bâtis de plâtre et de bois ; il y a trois meurtrières percées dans le mur, et au-dessous l'inscription suivante: *Il faut mourir bien jeune pour le roi de Prusse. Albert Loftardt, Saxon.* Voilà bien cette belle écriture gothique, ces caractères longs et inclinés qu'on retrouve un peu partout, hélas! depuis la guerre, souillant les murs de nos maisons, et qui du Rhin à la Mayenne marquent le passage de l'étranger.

Le nom *Albert Loftardt* est répété deux ou trois fois. Pauvre chasseur saxon, pendant tes longues heures de faction sur la terre de France, peu t'importait, n'est-il pas vrai? les succès de la grande patrie allemande, et la gloire du vieux roi Guillaume ne te rassurait guère sur le dangereux voisinage du sergent Hoff !

Du reste, les ennemis n'étaient pas seuls à souffrir. En dépit des précautions, Hoff, lui aussi, perdait du monde, et sa petite troupe ne revint pas toujours au complet. Ces murs crénelés surtout étaient terribles; il arrivait par là deux feux de file auxquels on ne pouvait répondre et qui faisaient bien du mal. Quand un homme était tombé, avec leurs sabres-baïonnettes ses camarades lui creusaient une fosse et l'enterraient au même endroit. Au retour, Hoff faisait son rapport, donnait le nom de l'homme mort, un autre prenait sa place, et tout était dit.

Combat de Neuilly-sur-Marne.

Parmi les survivants, nul qui s'effrayât pour si peu ; tout au contraire leur ardeur et leur rage en étaient accrues. Plus d'une fois Hoff fut forcé de les retenir, ils se seraient acharnés sur les cadavres. N'est-ce point ainsi que les peuples sauvages attestent leur victoire ? Il faut bien le dire, et notre orgueil n'y peut rien : chez les Peaux-Rouges ou au Mexique, au fond des montagnes de la Kabylie ou sur les bords de la Seine, cette guerre est partout la même ; à des périls incessants, dans une lutte toute de ruse et d'astuce, le sang s'échauffe, la tête se perd, les instincts féroces se réveillent, et sous l'homme civilisé bien vite a reparu l'homme sauvage.

S'exposant plus que personne, tandis que ses camarades l'un après l'autre tombaient à ses côtés, Hoff aussi plus de mille fois avait failli périr. Lorsqu'il était allé trouver le ministre de la guerre, il avait dû remplacer son képi, percé en quatorze endroits ; son pantalon, sa capote, étaient littéralement criblés ; mais, par un bonheur étrange, jamais il n'avait été lui-même sérieusement atteint. Près de la route de Strasbourg, il reçut une fois une balle au mollet droit, et, comme il était alors en expédition, pour ne pas revenir sur ses pas, il la garda deux jours entiers dans les chairs : elle lui fut enlevée par un chirurgien de mobiles. Une autre fois, serré de près par deux uhlans, en sautant un fossé plein d'eau et large au moins de quatre mètres, il se donna un effort. Il n'en continua pas moins à marcher : la souffrance ne semblait pas avoir prise sur lui. Le 2 décembre enfin, à Villiers, il recevait au bras gauche un coup de baïonnette, également sans gravité.

Nous touchons à l'époque où, sans que personne pût dire ce qu'il était devenu, Hoff disparut soudain, disparition qui devait prêter dans Paris à de si étranges suppositions. Depuis quelques jours déjà, on préparait une grande sortie du côté de la Marne. Le sergent fut rappelé à son corps ; il prit part ainsi sur la gauche aux deux jours de bataille de Champigny, et c'est en combattant dans les rangs qu'il fut fait prisonnier. Comme je m'étonnais devant lui qu'étant donné son caractère il eût consenti à se rendre: « Cela vous surprend? me répondit-il. Ah! parbleu! j'en ai été bien plus étonné moi-même, car j'avais d'avance mes idées fixées là-dessus. Que voulez-vous? on ne fait pas toujours ce qu'on s'est promis. Enfin je vais vous dire la chose comme elle m'est arrivée.

« Le 30 encore, tout allait bien : nous avions passé la Marne, enlevé Petit-Bry, avec des pertes il est vrai, et le soir, quand on s'arrêta, je fus placé de grand'-garde avec ma compagnie juste en face du parc de Villiers, vous savez bien? ce grand mur blanc qui coupe le plateau et où nos zouaves sont restés. Toute la nuit, notre artillerie tonna sur Villiers.

« Au matin, lorsque le jour parut, de bonne foi je croyais qu'on allait marcher de l'avant. Avec mes hommes, j'étais déjà sorti de nos lignes. J'arrive ainsi jusqu'aux Prussiens: ils étaient à dix pas de moi, enfoncés dans leurs trous: nous nous regardions dans le blanc des yeux, comme on dit, mais ils ne tiraient pas. Cela m'étonnait. Je dépêche en arrière chercher des instructions ; on me répond au plus vite que je ne dois pas tirer le premier, qu'un armistice vient d'être conclu. L'ordre était formel.

« Nous nous mettons à relever les blessés et les morts: il y en avait beaucoup de ce côté, des Français, des Allemands; mais les Allemands étaient les plus nombreux. Je rencontrai un de leurs majors qui me dit : — « Ah! oui, vous nous avez donné bien de l'ouvrage! » — et debout avec sa lorgnette il regardait la plaine couverte de neige, cherchant à reconnaître les siens. Près d'un grand trou était le cadavre d'un général saxon tué avec son cheval; dans le trou, une

Prise de Petit-Bry.

quinzaine de blessés des deux pays : c'est là qu'ils avaient passé la nuit par un froid terrible : plusieurs étaient déjà morts. Quand j'arrivai, l'un des Prussiens donnait à boire à un mobile qui, la jambe fracassée d'un éclat d'obus, râlait péniblement. Plus loin, le long des haies, au milieu des vignes, des artilleurs couchés dans leurs grands manteaux noirs. Leurs camarades travaillaient à les enterrer. Les fosses n'étaient pas bien profondes, d'un pied à peine, car la terre était toute durcie par le froid ; mais à chacun des morts, sous la tête, les autres glissaient un obus chargé. Il parait que c'est l'usage dans ce corps-là : plus tard, quand on retrouvera leurs os, on saura qu'ils étaient artilleurs. Des brancardiers, la croix rouge au bras, passaient et repassaient ; les voitures d'ambulance arrivaient à vide et partaient remplies. — Oui, c'est fort bien de relever les blessés ; mais en attendant les Prussiens renforçaient leur ligne. Par longues files noires, au travers des bois, on les voyait arriver, arriver sans cesse, et se masser devant nous. Moi, j'étais furieux. Voilà leurs réserves qui vont donner, me disais-je, et demain nous serons battus. Je ne m'étais pas trompé.

« Le lendemain, vers cinq heures, comme j'allais prendre mon café, car je voulais être prêt à tout, des cris *aux armes !* partent sur ma gauche. La première compagnie d'avancée s'était laissé surprendre. On m'a dit depuis que les Prussiens étaient arrivés jusqu'à la Marne, et qu'on avait relevé des cadavres à quinze mètres du bord.

Notre régiment par bonheur tint sans faiblir dans Petit-Bry ; mais nous, nous étions tournés. Il y eut un moment de mêlée à l'arme blanche ; c'est là que j'ai reçu d'un chasseur saxon un coup de baïonnette au bras gauche. Cependant la panique se mettait parmi les hommes : mon capitaine, avec le plus grand nombre, se lance vers la droite et tâche de rejoindre

le gros de nos troupes. Bien peu y sont parvenus. Moi, je m'occupe de rallier les derniers ; un d'eux, épouvanté, s'était couché par terre dans un sillon, et se cachait la tête entre les mains pour ne rien voir et ne rien entendre. C'était le tailleur de la compagnie.
— « Allons, allons, lève-toi, lui dis-je, prends ce fusil et suis-moi. » — Je lui tendais le fusil d'un homme tué près de nous. Comme il ne remuait pas, je lui assénai sur la tête un coup de crosse si violent que le sang jaillit. Il se leva alors sans rien dire, prit le fusil et marcha. Je l'ai revu plus tard en Allemagne ; je me moquais de lui.

« J'avais pu de la sorte réunir une poignée d'hommes, je les égrène en tirailleurs, et, nous faufilant vers la droite, nous essayons de nous dégager ; mais près du parc de Petit-Bry impossible d'aller plus loin, le parc était occupé. Par devant, par derrière, sur les deux côtés, des Prussiens, des Prussiens partout. Vous connaissez la hauteur qui du village de Bry mène au plateau de Villiers. Il y a là, à mi-côte, des plants de vignes et des vergers entremêlés de cultures : nous nous blottîmes comme nous pûmes au revers des vignes, aux creux des sillons, et, demeurant inaperçus dans ce grand tumulte de la bataille, nous commençâmes à brûler nos cartouches. Chaque coup portait. Quand les miennes furent épuisées, je pris celles d'un petit mobile qui gisait près de moi, je ne sais comment, la tête ouverte, les bras en croix ; cela me permit de tirer plus longtemps.

« Or, vers dix heures, évidemment les Prussiens avaient le dessous; leur mouvement tournant avait échoué, les nôtres reprenaient l'offensive. Nos mitrailleuses, installées de l'autre côté de la Marne, venaient les prendre d'écharpe et balayaient les flancs du coteau. C'était plaisir à voir que ces épais bataillons allemands tombant fauchés par rangs entiers! Par malheur, nous étions en leur compagnie-

et les balles arrivaient également pour nous.

« Je connaissais déjà ce bruit rauque si particulier d'une mitrailleuse qui part; mais c'est là que j'ai pu connaitre le bruit non moins curieux de la décharge lorsqu'elle arrive. On dirait, par un coup de vent, la grêle frappant sur un toit. Les branches, les cailloux, la terre, s'éparpillaient autour de nous. En quelques minutes, mes hommes furent étendus morts, il n'en restait plus que deux avec moi; encore l'un avait-il les deux genoux fracassés, celui-là ne comptait pas. L'autre s'appelait Besançon; il s'est fait plus tard tuer dans Paris en revenant de captivité. Je le vois encore derrière un poirier qu'il avait choisi pour s'abriter : l'arbre était criblé, mais l'homme était sans blessure. Je n'avais rien attrapé, moi non plus.

« Cependant les Prussiens avaient opéré une conversion à droite; lentement, par échelons, sous cette pluie de feu, ils remontaient le plateau et se rapprochaient; nous allions être ramassés. Je n'avais plus qu'une cartouche, une seule, que j'avais tenue en réserve pour ce moment-là. Je pressais déjà la détente, j'en tuais encore un, et c'était fini. — « Sergent, sergent, me cria Besançon, vous voyez bien qu'on ne peut plus se défendre : à quoi bon nous faire massacrer ici? J'ai une femme et deux enfants, sergent ! » — Je le regardai; il était toujours là derrière son poirier, me tendant les bras d'un air si étrange que je me sentis ému. Je détournai la tête et je jetai mon fusil. Quand je relevai les yeux, ces s....... Allemands étaient déjà sur nous. »

Pendant ce récit de Hoff, nous étions arrivés sur le plateau de Villiers : il avait tenu à revoir l'endroit. C'était par une belle après-midi d'automne. Le soleil, à son coucher, ensanglantait l'horizon, et cette vaste plaine, récemment moissonnée, avait une tristesse indicible. Peu ou point d'arbres : ils ont été coupés, la mitraille les avait hachés. Seulement aux flancs du coteau, au sommet surtout, une foule de tertres de diverses formes ; sur ces tertres, des couronnes, des croix de bois blanc avec des inscriptions tracées au crayon, la plupart pieusement banales ; quelques-unes de ces croix portent des noms allemands.

C'est là qu'ils dorment pêle-mêle, tous ceux qui en ce jour luttèrent pour leur patrie et succombèrent en combattant, sombres chasseurs saxons et zouaves éclatants, dragons bavarois à grand manteau bleu et petits mobiles à capote grise !

Chemin faisant, nous heurtions du pied des éclats d'obus, de vieilles gamelles, des morceaux de cuir racornis par la pluie, qui furent autrefois des képis ou des casques. Par endroits, le sol bosselé était fendu de sinistres crevasses, et des essaims de grosses mouches bleues bourdonnaient à l'entour. Il y a là aussi des corps enterrés, et le terrain vaut cher de ce côté, — les paysans vous le diront. Petit à petit, le plateau se nivelle, le nombre des tertres diminue, la charrue chaque jour étend plus loin ses sillons. Quelques moissons encore, et ces traces de mort auront pour toujours disparu sous les efforts réunis de l'homme qui oublie, et de la nature qui pardonne.

III

Toujours circonspect, en se voyant pris, Hoff s'était débarrassé bien vite de ses papiers, de ses galons et de tout ce qui eût pu établir son identité ; il savait trop quel sort lui réservait la générosité prussienne, s'il était jamais reconnu. Sa présence d'esprit le sauva. Sur l'heure, il fut saisi, déboutonné, fouillé, et, comme il avait encore sur lui sa montre et son couteau, on les prit : inutile de dire qu'on ne les lui a pas rendus. C'est assez l'habitude chez ces gens-là ; du grand au petit, la guerre est pour eux comme une vaste opération commerciale, et la victoire ne leur est glorieuse qu'en proportion des profits qu'elle apporte. Hoff les suivit deux heures encore dans leur mouvement de retraite, puis il fut joint à d'autres prisonniers et dirigé sur Lagny.

Dans l'église étaient réunis deux ou trois cents hommes tombés aux mains de l'ennemi dès le début de l'action. Hoff reconnut le capitaine qui le matin, avec sa compagnie, s'était laissé surprendre, et que des soldats exaspérés accablaient de reproches ; lui pleurait. Un autre officier, un lieutenant, était assis tristement à l'écart : on l'accusait de s'être évadé de Sedan après la capitulation, d'avoir donné l'ordre à ses hommes de tuer les blessés ; et ils allaient le fusiller.

Celui qui l'avait dénoncé était un Alsacien, un petit jeune homme de dix-huit ans, engagé volontaire pour la durée de la guerre. Le fait, à notre honneur, a été rare, et, durant les épreuves d'une longue captivité, nos malheureux compatriotes ont su rester unis ; mais il y a des misérables partout. Quelques-uns aussi, sans intention mauvaise, se laissaient prendre trop facilement aux façons engageantes de nos ennemis ; on les faisait causer, on les faisait boire, et, le vin aidant, ils en disaient parfois plus qu'ils ne voulaient dire. Quand le petit traître rentra dans l'église, d'où il était sorti à l'heure du dîner, il était ivre, et ses nouveaux amis les Allemands eurent l'attention de l'étendre sur une botte de paille ; les autres couchèrent sur le pavé.

Les Prussiens furent-ils pris de pitié ? eurent-ils honte de condamner un homme sur le seul témoignage d'un enfant aviné ? Le fait est qu'avant d'exécuter leur menace ils interrogèrent d'autres soldats ; ces explications nouvelles les satisfirent sans doute, car l'officier fut épargné. Seulement tout le long de la route on le surveilla de près.

De grand matin et sous bonne escorte, les prisonniers, formés en convoi, avaient quitté Lagny. En avant marchait un fort détachement de fantassins saxons, un second peloton venait en arrière, et sur les flancs des cavaliers qui en serre-file, la lance au poing, accompagnaient la colonne. Quiconque voulait s'arrêter, s'écarter un peu, impitoyablement, à grands coups de crosse ou de bois de lance, était rejeté dans les rangs. Hélas! il s'est renouvelé bien des fois, ce triste défilé, sur les routes de France.

Plus encore que le lieutenant, un autre des prisonniers était l'objet d'une attention toute spéciale; il allait seul, par devant et entre quatre baïonnettes. C'était un homme d'une quarantaine d'années, aux cheveux gris, portant un pantalon sombre et une blouse blanche. Il avait été pris dès le 30, non loin de la Pépinière, — un de nos espions très probablement. — « Oui, oui, espion, fusillé, fusillé! » — criaient les Prussiens d'une voix rauque en lui montrant les poings. Le malheureux devenait blême et essayait de se défendre. « Il n'était qu'un pauvre paysan... Il allait chercher du vin... On l'avait arrêté, pourquoi? Il l'ignorait. » — Il ne sortait pas de là, et il avait l'air si sincère, il parlait d'un ton si simple et si naturel! Mais les bourreaux ne voulaient rien croire.

Quant à Hoff, quant à tous les autres, par la boue et la neige, comme un troupeau ils avançaient, et lorsqu'ils traversaient un village, lorsqu'au seuil des maisons les enfants, les femmes, muettes de douleur, les regardaient passer, eux brusquement baissaient la tête pour qu'on ne vit pas la figure, et ils pleuraient alors de grosses larmes, des larmes de rage et d'humiliation.

On arriva ainsi, toujours à pied, de Chelles à Mitry et de Mitry à Dammartin. Là on fit halte dans l'église. Les malheureux marchaient depuis deux

... Par la boue, par la neige, comme un troupeau ils avançaient....

jours ; mais les convoyeurs, bien repus, semblaient se douter à peine que ces hommes pussent avoir faim ; on ne leur avait encore donné du pain qu'une fois, et en quantité dérisoire. Du moins fut-il permis aux gens de Dammartin de venir les voir ; aussitôt toute cette bonne population d'accourir, portant qui de la soupe, qui de la viande, qui une bouteille de vin. Le maire était venu lui-même et présidait aux distributions.

Les officiers prisonniers l'attirèrent à l'écart : ne pourrait-il, de façon ou autre, faire évader deux hommes à qui tout le monde portait un vif intérêt ? C'étaient Hoff et le lieutenant. Le maire, un vrai patriote, n'eût pas demandé mieux ; mais aucun moyen n'était réellement praticable. Cependant nos soldats mangeaient, et, mêlés à eux, les habitans de la ville s'étaient répandus dans l'église. Les Prussiens pour l'instant semblaient se relâcher un peu de leur vigilance. Quelle évasion tenter en effet hors de cet édifice nu et dépouillé, dont toutes les issues étaient soigneusement gardées ?

L'espion lui-même avait été rendu à une liberté relative. Hoff venait de l'apercevoir : il se tenait près de la porte, la tête en avant, les narines dilatées, tout le corps agité d'un tremblement fébrile, regardant au dehors. En même temps passait une petite vieille chargée d'un panier et d'une soupière. Hoff saisit la soupière, la met entre les mains du malheureux, puis fait le geste de la retirer. — « Allons, sauve-toi ! » — lui dit-il tout bas. L'homme a compris. Une lutte s'engage entre eux, lui tirant d'un côté, Hoff de l'autre, comme s'il réclamait un reste de soupe, et ainsi bataillant ils se rapprochaient de la porte. En fin de compte, impatienté, le factionnaire attrape notre espion par le bras et le pousse dehors : il l'avait pris pour un des habitants de la ville.

Ah ! quelle joie pour le pauvre diable, et comme il

dut avec bonheur de respirer le grand air de la liberté !
Il eut du reste la présence d'esprit de n'en rien montrer, et Hoff le vit disparaître au tournant d'une rue, marchant d'un pas aussi égal et d'un air aussi insouciant que s'il ne venait pas d'échapper à la mort. Le lendemain, au départ, quand les Prussiens passèrent leurs prisonniers en revue, les officiers d'abord, les soldats ensuite, placés sur trois rangs, ils ne trouvèrent plus leur nombre. Ils eurent beau compter et recompter : il leur manqua toujours quelqu'un.

A partir de Soissons, le reste du voyage se fit en chemin de fer; il n'en fut pour cela ni plus rapide ni plus agréable. Le train avançait lentement, dans la crainte des francs-tireurs, qui plusieurs fois déjà avaient coupé la voie, et nos pauvres soldats, empilés dans des wagons à bestiaux, brisés par les cahots et grelottant de froid, en étaient presque à regretter de ne pouvoir faire à pied la route. En chemin, à plusieurs reprises, de longues bandes de prisonniers vinrent s'adjoindre au convoi ; ceux-ci avaient fait partie de l'armée de la Loire ; tous du reste étaient dirigés sur le camp de Grimpert, aux environs de Cologne: ils y entrèrent le 8 décembre, et la vie de captivité commença pour eux.

Bien d'autres, par malheur, ont eu à raconter les mêmes misères : ces baraques de planches par où passaient les vents et la neige, le travail forcé de chaque jour aux fortifications, la brutalité des soldats allemands à coups de crosse activant l'ouvrage. En cas d'évasion possible, les prisonniers avaient dû quitter leurs souliers et chausser d'énormes sabots. Chacun d'eux en outre, comme nos anciens forçats, portait, cousue sur l'épaule droite, une large bande de toile marquée d'un numéro matricule. Ils ne recevaient de vivres qu'une fois par jour : du pain noir, du riz, des légumes secs, du mauvais lard quelquefois ; la ration de trois hommes n'aurait pas même suffi à satisfaire l'appétit d'un seul. Encore les vieux soldats, de longue date faits aux privations, pouvaient prendre leur mal en patience et ne souffraient pas trop ; mais il y avait là des jeunes gens, des mobiles qui, dans la force de l'âge, accoutumés chez eux à bien vivre et à bien manger, mouraient de faim littéralement.

A l'heure des repas, ils allaient par groupes craintifs rôder autour des postes prussiens, versant des larmes et tendant la main pour obtenir de leurs ennemis quelque reste de soupe. Ceux-ci alors, l'estomac plein et le cœur content, prenaient leurs gamelles aux trois quarts vidées et les remplissaient d'eau jusqu'aux bords, puis ils offraient le tout aux pauvres affamés, — et de rire ! Ils trouvaient cela plaisant. A ce régime, on le comprend, la santé la plus robuste n'aurait pas résisté longtemps ; beaucoup toussaient parmi ces hommes, trainaient quelques jours, et mouraient; chaque matin sortait du camp un long fourgon rempli de cadavres ; les blessés mal soignés étaient partis les premiers.

Heureux qui dans cette misère avait un peu d'argent sur lui et pouvait en payant se procurer quelques douceurs ! mais la plupart manquaient de tout. C'était le cas du sergent Hoff. A Paris, pendant ses longues expéditions, il négligeait souvent de toucher son prêt, dont il n'aurait eu que faire au dehors, et lorsqu'il fut pris à Villiers, il se trouvait sans un sou vaillant. Peu lui importait du reste, car son argent, à coup sûr, eût suivi aux mains des Saxons la même route que sa montre et que son couteau.

Le camp de Grimpert restait proprement affecté aux soldats. Des officiers prisonniers, les uns logeaient en ville à Cologne ; les autres, ceux qui ne pouvaient payer une chambre, ceux aussi qui n'avaient pas voulu donner leur parole, étaient internés dans le bâtiment de la manutention, de l'autre côté du Rhin. Un jour, comme une corvée sortait du camp pour

chercher du pain, Hoff s'était glissé furtivement parmi les hommes désignés ; il voulait voir son lieutenant, M. Magnien, celui même que les Prussiens avaient failli fusiller. Tandis qu'on charge les voitures, il réussit à s'esquiver, et entre chez le lieutenant. Plusieurs officiers de toutes armes étaient là réunis, les uns venus de Metz, les autres de Sedan. Au nom de Hoff, qu'ils connaissaient bien, tous se levèrent et vinrent lui serrer la main ; on le fit asseoir pour déjeuner, on causa de ses exploits, du pays, de la guerre. On parla même un peu d'évasion, quoique la chose parût assez malaisée. Le déjeuner tirait à sa fin, lorsqu'un officier des zouaves de la garde, sans songer à mal :
— « A propos, Hoff, s'écria-t-il, voyez donc ce qu'on dit de vous là-bas », — et il lui tendait un journal ; c'était un numéro de l'*Indépendance belge*, où se trouvaient reproduits tout au long les récits fantaisistes des journaux de Paris.

Dès les premières lignes, le pauvre garçon changea de couleur ; ses yeux s'étaient remplis de larmes, et le papier tremblait dans ses mains. On essaya de le consoler : de telles inventions ne méritaient point qu'on s'y arrêtât ; qui voudrait y croire d'ailleurs ? N'était-il pas bien connu ? Lui, contenait toujours son émotion ; puis, comme en ce moment l'appel de la corvée se faisait dans la cour, il salua et sortit. Il marcha quelque temps au milieu des rangs, ne parlant pas, n'entendant rien : le coup l'avait atterré ; mais, arrivé sur le pont du Rhin qui de Cologne mène à Deutz, quand il vit en face de lui ses malheureux compagnons qui, sous la surveillance des baïonnettes allemandes, travaillaient pour nos ennemis aux épaulements d'une nouvelle redoute, quand il songea à tout ce qu'ils avaient souffert, à tout ce qu'ils devaient souffrir encore, alors la rage le mordit au cœur.

Lui, un traître ! lui, un espion ! Que lui avaient donc servi son dévoûment, son courage, ses longues nuits passées sous la neige, et trente-sept ennemis tués de sa main en combat singulier? Tournant sa fureur contre lui-même, il mit sa capote en lambeaux; rentré au camp, il brisait tout; planches et couvertures volaient dans la baraque. — « Je voyais rouge, j'étais fou, disait-il; un de ces hommes eût été là, je le tuais! »

À la longue, ses camarades parvinrent à le calmer; mais il n'eut plus qu'une pensée désormais: rentrer dans Paris, chercher ceux qui l'avaient calomnié, obtenir d'eux réparation, au besoin même se faire justice.

Un danger terrible vint pour un moment occuper son esprit et le distraire de ses projets de vengeance. Il avait pris le nom de Wolff et se disait natif de Colmar; mais avec tant de monde une imprudence était à craindre. Il s'était offert alors pour faire la cuisine; comme il parlait bien l'allemand, les Prussiens l'avaient accepté. Un de ses vieux camarades, Huguet, qui avait toujours marché avec lui autour de Paris, lui servait d'aide cuisinier, distribuait la soupe, découpait la viande, lui évitait enfin tout rapport avec les autres prisonniers. Cela dura près d'un mois. Chaque matin, les sous-officiers allemands venaient prélever un bouillon bien chaud sur le maigre ordinaire des soldats français. À part cela, ils ne s'occupaient guère du cuisinier ni de son aide.

Cependant depuis peu Hoff se sentait surveillé: un Hanovrien, brave garçon celui-là, avait même eu soin de le prévenir. Sans doute, quelque mot inconsidéré surpris au vol dans les baraques avait donné l'éveil, et, sachant mieux que nos journaux à quoi s'en tenir sur le faux espion, les Prussiens le cherchaient partout.

Un jour qu'il se trouvait dans sa cuisine, en apparence tout à ses fourneaux: « Sergent Hoff! » lui crie-t-on de la porte. Il fit la sourde oreille et ne bougea pas. « Sergent Hoff ! » répète-t-on par deux fois. C'était un officier allemand qui, pour l'obliger à se découvrir, avait eu recours à cette ruse. Un peu déconcerté d'abord, l'officier s'approcha de lui, et, lui tapant légèrement sur l'épaule : — « Vous êtes le sergent Hoff? lui dit-il. — Moi? reprend bien vite le vieux soldat en se retournant d'un air étonné; vous vous trompez, je m'appelle Wolff, je suis de Colmar », — et déjà il commençait à raconter son histoire. L'Allemand haussa les épaules, sourit complaisamment d'un épais sourire qu'il voulait rendre malin, et sans discuter davantage le fit conduire au cachot.

Pourquoi tant de rigueurs, et comment expliquer ces représailles tardives contre un ennemi vaincu? S'il faut en croire d'autres prisonniers qui furent internés dans divers camps de l'Allemagne et qui de leurs propres yeux auraient lu l'affiche, la tête de Hoff avait été mise à prix pour plusieurs milliers de thalers. On lui reprochait de faire la guerre d'une façon déloyale, non en soldat, mais en assassin. A ce compte, que penser des Bavarois qui le matin de Villiers, levèrent la crosse en l'air comme s'ils voulaient se rendre, laissèrent approcher les nôtres et les mitraillèrent à bout portant? Que penser aussi de ceux qui, en bas du plateau d'Avron, partagés en deux lignes, pour mieux tromper nos mobiles, tiraient à blanc les uns sur les autres et simulaient un engagement entre Français et Prussiens? Au bon moment, ils se retournèrent et firent feu tous ensemble. Ce sont ruses permises après tout, et nous ne nous en indignerons pas. Dès l'instant qu'on admet la guerre, il faut l'admettre dans toute son horreur, faite de haine et voulant tuer. Jusque-là donc, nos ennemis demeuraient logiques; mais où l'on a mauvaise grâce, c'est lorsqu'en étant si peu scrupuleux pour soi-même on voudrait exiger d'autrui la générosité, la grandeur d'âme, toutes belles vertus qu'on ne pratique pas.

Quoi qu'il en soit, Hoff passa trente jours entiers à la citadelle de Cologne, plongé dans un cachot de six pieds sur quatre et nourri au pain et à l'eau, sans même qu'il lui fût permis de changer de linge. On le pressait de questions, mais il persistait à n'avouer rien. C'est alors qu'une lettre arriva pour lui au camp de Grimpert. Lui-même, dès les premiers jours du mois de décembre, avait écrit à ses parents un petit billet qui se terminait ainsi, sans plus : *j'ai changé*, et il signait *Wolff*. Madrés comme de vrais paysans, ceux-ci comprirent à demi-mot et répondirent au nom indiqué. Pour le coup, les Prussiens étaient déroutés. On le fit comparaître encore devant un conseil de guerre, on interrogea même ses camarades à plusieurs reprises : tous furent unanimes à reconnaître en lui le nommé Wolff, de Colmar. Il fallut bien le relâcher, et il rentra dans les baraques.

Le temps marchait cependant; l'armistice était signé, la guerre finie ; les prisonniers allaient revenir en France. N'ayant plus rien à craindre désormais, Hoff se donna le plaisir de laisser voir sur sa capote un petit bout de ruban rouge : les officiers allemands jetaient un coup d'œil de travers et passaient. Déjà les camps du nord étaient évacués. Hoff revit son frère cadet, qui, chasseur à pied dans l'armée de Metz, rentrait de Kœnigsberg, où il avait été interné : il apprit de lui que leur vieux père vivait encore; mais un troisième frère, soldat de Metz également, était tombé à Gravelotte.

Les premiers troubles de Paris, la proclamation de la Commune, le prétexte spécieux qu'en tirèrent les Prussiens pour arrêter tout à coup le rapatriement de nos prisonniers, tout cela prit un mois encore. Quand l'ordre du départ arriva enfin, Hoff réussit à faire partie du premier convoi; mais dans quel état d'abaissement trouvait-il la France ! A la guerre étrangère avait succédé la guerre civile. Autour de Cambrai, où le train s'arrêta, le général Clinchant formait en toute hâte avec les captifs d'Allemagne un corps d'armée qui devait marcher sur Paris. Les nouveaux venus furent inscrits dans des régiments provisoires ; trois jours après, on partait pour Versailles.

Les natures simples et rudes ont parfois une sensibilité exquise, une délicatesse de cœur qu'on chercherait en vain chez les hommes de classes plus élevées. En voyant de si tristes choses, le pauvre Hoff fut pris de désespoir. Que lui importait la vie, puisque son pays semblait perdu, puisque son zèle avait été inutile, puisque son bras était armé encore et ne pouvait plus frapper les Prussiens?

Il se trouvait alors au-devant d'Issy; il avait résolu de se faire tuer, mais l'occasion ne se présentait pas. Du haut des forts et des remparts, les fédérés faisaient plus de bruit que d'ouvrage et brûlaient leur poudre au vent. Dans Paris cependant, la lutte devint plus sérieuse; chaque position, chaque coin de rue était défendu pied à pied, et les insurgés, se voyant perdus, résistaient en désespérés. Rue de Lisbonne, près de la gare Saint-Lazare, Hoff s'était élancé résolument à l'attaque d'une barricade; il marchait seul, en tête, bien à découvert, encourageant ses hommes et cherchant la mort : il ne la trouva pas, mais il reçut une balle, une balle française, qui lui fracassa le bras gauche. La blessure était grave; il fut soigné d'abord à l'hôpital Beaujon, et de là, avec d'autres blessés, expédié sur Arras, où il passa plus d'un mois en convalescence.

Dès qu'il revint, à peine guéri et le bras encore en écharpe, il se rendit aux bureaux des divers journaux qui avaient fait courir sur lui la triste histoire que l'on sait. Quelques personnes bien connues l'accompagnaient; sa blessure d'ailleurs parlait assez d'elle-même. L'accueil qu'il reçut fut des plus courtois : on s'excusa du malentendu; on rejeta la faute sur les *reporters* aux abois, sur la difficulté de contrôler les nouvelles, sur cette manie de voir partout des espions qui fut comme une des épidémies du siège ; on lui promit une réparation éclatante, et le jour même, dans les feuilles du soir, parurent plusieurs articles qui rendaient pleinement justice au courage et à l'honorabilité du brave sergent.

Lui, peu méchant après tout, se tint pour satisfait. Par malheur, en ce moment tous les esprits étaient distraits par les terribles événements dont la France venait d'être le théâtre. Paris était presque désert. Beaucoup, qui avaient lu la grande trahison du sergent Hoff, ne connurent pas en province les preuves qui le réhabilitaient. En France d'ailleurs, on se lasse vite de l'admiration ; nous n'aimons pas trop reconnaître les supériorités qui nous gênent, et, pour avoir le droit d'être ingrats, nous nions même les services rendus. Longtemps encore, bien des gens ne voulurent pas être détrompés. Que de fois, me trouvant avec le sergent, lorsque par hasard j'avais laissé échapper son nom : — « Ah ! l'espion ! » — faisait quelqu'un en se retournant d'un air curieux. Le pauvre soldat ne disait rien, mais il courbait la tête sous cette honte imméritée, et son visage devenait sombre.

Hoff ne demandait aucune récompense : simple et modeste, il n'a jamais songé à tirer de ses exploits ou vanité ou profit, mais ce désintéressement même est un titre de plus. Quelque temps après la Commune, un personnage, officier supérieur dans une armée étrangère, fit appeler notre sergent, et là, en présence du consul, lui offrit un brevet de capitaine. Hoff refusa. — « Je n'ai servi et ne servirai jamais que mon pays », — dit-il simplement. Au ton dont cette réponse était faite, l'étranger comprit et n'insista plus ; mais il saisit la main de Hoff et la serra cordialement.

Depuis on a eu l'idée généreuse et touchante de

confier au sergent Hoff le poste d'honneur de gardien de l'*Arc de Triomphe*. Il y attend sa vraie récompense : il veut revoir le drapeau tricolore flotter sur le clocher de Saverne.

LA HACIENDA DE CAMARON

ÉPISODE DE LA GUERRE DU MEXIQUE

Cavaliers Mexicains.

LA HACIENDA DE CAMARON [1]

ÉPISODE DE LA GUERRE DU MEXIQUE

L'armée française venait de lever le siège de Puebla et s'était repliée sur Orizaba, serrée de près par les troupes victorieuses.

Cette ville est dominée par le *Cerro del Borrego*, autrement dit la montagne de l'Agneau, haute de 400 mètres environ et si abrupte qu'on n'avait pas cru d'abord nécessaire de l'occuper. Dans la soirée du 13 juin seulement, une des deux compagnies du 99° de ligne placées en avant-garde de ce côté reçut l'ordre de s'en emparer au plus tôt; mais déjà un corps de 3,000 ennemis, tournant par les bois, avait gravi la position et s'y était retranché avec quelques pièces d'artillerie.

A minuit, le capitaine Détrie commence l'escalade. Les ténèbres étaient si épaisses qu'on ne distinguait rien à deux pas ; les hommes, sac au dos et dans le plus grand silence, grimpaient à la file, en s'aidant des pieds et des mains, le long de ce mur à pic qui, même en plein jour, avait paru inaccessible. Enfin, après des efforts surhumains, ils touchaient au premier palier du Cerro, quand une décharge imprévue, partie des broussailles, leur révèle la présence de l'ennemi.

Détrie fait mettre sac à terre et entraîne sa petite troupe à la baïonnette; en même temps, pour trom-

[1] Ce récit a paru dans la *Revue des Deux-Mondes* le 15 juillet 1878.

per l'ennemi sur ses véritables forces, il ordonne à ses deux clairons de sonner sans relâche; lui-même, enflant la voix, il feint d'avoir à commander tout un corps d'armée imaginaire, appelle les officiers par leurs noms, les bataillons par leurs numéros, et les lance en masse à l'assaut.

Les Mexicains reculent en désordre, on les poursuit; mais à mesure qu'on avance ils se reforment et réapparaissent plus nombreux. Pendant plus d'une heure, on lutte ainsi pied à pied; mais il est à craindre que l'ennemi, s'apercevant enfin de notre petit nombre, ne parvienne à nous envelopper. Détrie arrête ses hommes, les embusque et leur recommande de rester en place sans tirer; le bruit du combat a sans aucun doute attiré l'attention des nôtres demeurés dans le bas, et l'on peut compter sur un prompt secours.

En effet, vers trois heures et demie du matin, arrive l'autre compagnie commandée par le capitaine Leclère, et toutes les deux réunies reprennent l'offensive. En vain les Mexicains reviennent-ils deux fois à la charge et font pleuvoir sur les assaillants un feu terrible; délogés de toutes les crêtes, attaqués corps à corps, ils lâchent pied et se débandent.

Saisi de panique à son tour, le gros de leurs troupes, qui campait dans la plaine, s'empresse de lever le siège; 140 soldats français avaient mis en fuite une armée. Cette surprise coûta aux vaincus 300 tués ou blessés, dont un grand nombre d'officiers supérieurs, 200 prisonniers, trois obusiers de montagne, trois fanions et un drapeau; nos pertes ne dépassaient pas 6 morts et 28 blessés. Le capitaine Détrie, qui, par sa vigueur et sa présence d'esprit, avait décidé du succès, fut en récompense promu chef de bataillon. Nommé capitaine tout récemment, il portait encore sur sa tunique, en montant au Borrego, les simples galons de lieutenant.

A Camaron, le dénoûment ne fut pas aussi heureux

pour nos armes, mais il est des échecs qu'on ne donnerait pas pour des victoires. J'ai eu l'honneur de connaître un des rares survivants de cette affaire. Quarante-cinq ans environ, la taille plutôt petite que moyenne, le teint bistré, les yeux petits et vifs, les traits ouverts, énergiques, dans les gestes cette allure un peu brusque que garde toujours l'ancien militaire sous l'habit bourgeois, tel est au physique le capitaine Maine, aujourd'hui en retraite.

A sa joue, marquée d'une balle qu'il reçut en Crimée et qui lui fait comme une large fossette, à la rosette d'officier ornant sa boutonnière, sans peine on reconnaît qu'il a dû passer par de rudes épreuves. Souvent prié de nous raconter l'épisode de Camaron, il s'y refusait toujours, non par fausse modestie sans doute, mais ce souvenir, disait-il, si honorable qu'il fût, ne laissait pas de lui être pénible. Un soir pourtant, comme nous le pressions, il dut céder à nos instances, et c'est son récit, religieusement écouté, que j'ai essayé de reproduire.

I

« Nous faisions partie des renforts de toutes armes envoyés à la suite du général Forey après l'échec de Puebla. Le régiment étranger, qui avait fait si souvent parler de lui en Algérie, allait trouver au Mexique de nouvelles occasions de se distinguer.

Sitôt débarqués, nous avions été dirigés sur l'intérieur : notre 3ᵉ bataillon s'était arrêté à la Soledad, à huit lieues environ de Vera-Cruz ; les deux autres, avec le colonel Jeanningros, avaient continué jusqu'à la chaîne du Chiquihuite, en bas duquel ils s'étaient établis, tenant ainsi la route qui de Vera-Cruz mène à Cordova.

Le Chiquihuite est pour ainsi dire le premier gradin qui sépare les Terres-Chaudes des Terres-Tempérées. Vous connaissez déjà par la carte l'aspect particulier du territoire mexicain; on l'a comparé fort exactement à une assiette renversée qu'on recouvrirait d'une soucoupe également renversée; les deux rebords de l'assiette et de la soucoupe figureraient, l'un la zone des Terres-Chaudes, qui comprend tout le littoral et qui s'enfonce d'une vingtaine de lieues dans l'intérieur du pays; l'autre, la zone intermédiaire, dite des Terres-Tempérées; l'espace plan situé au sommet formerait la troisième zone, celle des Terres-Froides ou hauts plateaux. Ainsi que la plupart des noms de lieux au Mexique, Chiquihuite a un sens précis et signifie en langue indienne une hotte ou mannequin comme en portent nos chiffonniers; par sa forme en effet, la montagne rappelle assez bien un de ces paniers retournés.

Quoi qu'il en soit, dès notre arrivée le colonel s'était empressé d'établir à certaine hauteur, sur les premières pentes de la chaîne, un poste d'observation; de là on dominait une partie de la plaine, et principalement Paso del Macho, — le pas du mulet, où s'étendaient nos avancées. Une longue-vue, mise à la disposition des soldats du poste, leur permettait de fouiller au loin la campagne, alors infestée par les bandes mexicaines, et de signaler sans retard tout mouvement suspect.

Un mois s'était déjà écoulé sans grave incident, et j'étais précisément de garde sur la montagne avec deux escouades de ma compagnie, commandées par un sergent, quand, le 29 avril, vers onze heures du soir, l'ordre nous vint de rallier aussitôt nos camarades qui campaient dans le bac.

Dès que nous eûmes rejoint, on prit le café, et vers une heure du matin la compagnie se mit en marche.

Juste au même instant, un immense convoi militaire concentré à la Soledad s'apprêtait à quitter ce point à destination de Puebla, dont le second siège était commencé depuis plus de deux mois ; nous étions chargés d'aller à sa rencontre et d'éclairer tout le terrain en avant de lui, entre le Chiquihuite et la Soledad.

Une belle compagnie que la nôtre, la 3ᵉ du 1ᵉʳ, comme on dit à l'armée, et qui passait à bon droit pour une des plus solides de la légion ! Il y avait là de tout un peu comme nationalité, — c'est assez l'habitude du corps, — des Polonais, des Allemands, des Belges, des Italiens, des Espagnols, gens du nord et gens du midi ; mais les Français étaient encore en majorité.

Comment ces hommes, si différents d'origine, de mœurs et de langage, se trouvaient-ils partager les mêmes périls à tant de lieues du pays natal ? Par quel besoin poussés, par quelle soif d'aventures, par quelle série d'épreuves et de déceptions? Nous ne nous le demandions même pas ; mais la vie en commun, le voisinage du danger, avaient assoupli les caractères, effacé les distances, et l'on eût cherché vainement entre des élémens aussi disparates une entente et une cohésion plus parfaites. Avec cela, tous braves, tous anciens soldats, disciplinés, sincèrement dévoués à leurs chefs et à leur drapeau.

Nous comptions dans le rang au départ 62 hommes de troupe, les sous-officiers compris, plus 3 officiers : le capitaine Danjou, adjudant-major, le sous-lieutenant Vilain et le sous-lieutenant Maudet, porte-drapeau, qui, bien qu'étranger à la compagnie, avait obtenu de faire partie de la reconnaissance. Notre lieutenant, malade, resta couché au camp du Chiquihuite. Nous avions la tenue d'été : petite veste bleue, pantalon de toile, et, pour nous garantir du soleil, l'énorme *sombrero* du pays en paille de latanier, dur et fort, qui nous avait été fourni par les magasins militaires. Nos armes, comme celles des autres troupes du corps expéditionnaire, étaient la carabine Minié à balle forcée, alors dans tout son prestige, et le sabre-baïonnette. Deux mulets nous accompagnaient, portant des provisions de bouche.

Au bout d'une heure de marche environ, nous atteignimes Paso del Macho, sur le bord d'un grand ravin sinueux, au fond duquel coule un torrent. Ce poste était occupé par une compagnie de grenadiers sous le capitaine Saussier ; une vieille tour en ruines, dominant le ravin, pouvait servir tout à la fois de lieu d'observation et de refuge. Nous n'y demeurâmes qu'un instant ; les officiers échangèrent quelques mots, puis se serrèrent la main, et après avoir franchi le torrent sur une étroite passerelle, d'un pas relevé, nous continuâmes notre chemin.

Nous suivions sur deux rangs serrés le milieu de la route ; il faisait pleine nuit encore, et le terrain, fort accidenté dans cette partie, couvert de bois et de hautes broussailles, pouvait cacher quelque embuscade. A certains endroits, des deux côtés de la voie, s'étendaient de larges éclaircies faites dans l'épaisseur du fourré par la hache ou l'incendie, lors du passage des convois.

Quant à la route elle-même, jamais réparée, défoncée par les pluies torrentielles de l'hiver, par le défilé incessant des voitures et des caissons, elle était presque impraticable, et il nous fallait cet instinct que donne l'habitude de la marche dans les pays vierges pour ne pas rouler tout à coup dans des trous ou des ornières profondes comme des précipices.

Au point du jour, nous approchions du village de Camaron, en espagnol écrevisse ; il tire ce nom bizarre d'un petit ruisseau qui coule à quelques centaines de mètres et qui, paraît-il, abonde en crus-

La Hacienda de Camaron.

tacés d'une grosseur et d'une saveur sans pareilles.

Comme presque tous les villages aux alentours, celui-ci était complètement ruiné par la guerre. D'ailleurs il ne faudrait pas se méprendre sur l'importance du dégât : un méchant toit de chaume fort bas qui descend presque jusqu'à terre, soutenu tant bien que mal par deux ou trois pieux mal dégrossis ou quelques branches d'arbres, parfois une poignée de boue pour boucher les trous, voilà ce qui constitue l'habitation d'un Indien, et si elle risque de s'écrouler dès qu'on a le dos tourné, du moins n'en coûte-t-il pas beaucoup pour la rebâtir. Les maisons vraiment dignes de ce nom et solidement construites sont toujours la grande exception.

Camaron n'en comptait qu'une alors : c'était, sur le côté droit de la route, un vaste bâtiment carré mesurant à peu près cinquante mètres en tous sens et construit dans le goût de toutes les *haciendas* ou fermes du pays. La façade, tournée vers le nord et bordant la route, était élevée d'un étage, crépie et blanchie à la chaux, avec le toit garni de tuiles rouges. Le reste se composait d'un simple mur très épais, fait de pierres et de torchis et d'une hauteur moyenne de 3 mètres. Deux larges portes s'ouvrant à la partie ouest donnaient accès dans la cour intérieure, nommée *corral* : c'est là que chaque soir, en temps ordinaire, on remise les chariots et les mules, par crainte des voleurs, toujours très nombreux et très entreprenants dans ces parages comme dans tout le Mexique.

Nous entrâmes. La maison était vide : point de meubles ; seules, quelques vieilles nattes pourries, des débris de cuir gisant à terre laissés là par les muletiers de passage. En face et de l'autre côté de la route, il y avait encore deux ou trois pauvres constructions à demi écroulées et désertes, elles aussi.

Au sortir du village, le gros de la compagnie se partagea en deux sections, l'une à droite, l'autre à gauche, pour battre les bois ; le capitaine, avec une escouade en tirailleurs et les deux mulets, continua de suivre la route. Rendez-vous était donné pour tout le monde à Palo-Verde, — taillis vert, — lieu où les convois s'arrêtent d'ordinaire à cause d'une fontaine qui est proche et qui fournit une eau excellente.

De fait, après une assez longue course sous bois, comme nous n'avions trouvé nulle part trace de l'ennemi, nous nous rabattions sur Palo-Verde. A cet endroit, le terrain, qui s'élève légèrement, est entièrement dégarni dans un rayon de plusieurs centaines de mètres ; mais la forêt reprend bientôt plus verte et plus touffue que jamais.

Nous marchions déjà depuis plus de six heures ; il était grand jour, et le soleil, dardant tous ses feux, nous promettait une chaude journée. On fit halte. Des vedettes sont placées autour de la clairière en prévision d'une surprise, les mulets sont déchargés, et le caporal Magnin part pour la fontaine avec une escouade. Un grand hangar en planches, couvert de chaume, était établi sous un bouquet d'arbres, à l'abri du soleil. Tandis qu'une partie des hommes coupe du bois, prépare le café, d'autres s'étendent pour dormir.

Une heure ne s'était pas écoulée, l'eau bouillait dans les gamelles, et l'on y mettait le café, quand, du côté de Camaron et sur la route même que nous venions de quitter, deux ou trois de nous signalèrent quelque chose d'anormal.

La poussière montait vers le ciel en gros tourbillons. A cette distance et sous les rayons aveuglants du soleil, il n'était pas facile d'en distinguer davantage. Pourtant nous n'avions rencontré personne en chemin, et, si quelque mouvement de troupes avait dû se produire sur nos derrières, on nous en eût avertis ; tout cela ne nous présageait rien de bon.

Le capitaine avait pris sa lorgnette. — «Aux armes ! L'ennemi ! »— s'écria-t-il tout à coup. Et en effet, avec la lorgnette, on les apercevait fort bien. C'étaient des cavaliers ; coiffés du chapeau national aux larges bords, ils avaient, selon la coutume, déposé leur veste sur le devant de la selle et allaient ainsi en bras de chemise.

Comme nous l'apprimes plus tard, depuis plusieurs jours déjà une colonne des libéraux, forte de près de 2,000 hommes, tant cavaliers que fantassins, et commandée par le colonel Milan, était campée sur les bords de la Joya, à environ deux lieues de notre ligne de communication, guettant le passage du convoi. Une chose les avait attirés surtout : l'annonce de 3 millions en or monnayé, enfermés dans les fourgons, et que le trésor dirigeait sur Puebla pour payer la solde des troupes assiégeantes.

Grâce à leur parfaite connaissance des lieux et à l'habileté vraiment merveilleuse qu'ils déploient pour couvrir leurs marches, au camp de Chiquihuite on ne soupçonnait même pas la présence d'une pareille force sur ce point. Par contre, toute la campagne était remplie de leurs éclaireurs. Aussi la compagnie n'avait pas encore quitté Paso del Macho, que déjà notre marche était signalée, et 600 cavaliers montaient en selle pour nous suivre. Ils nous accompagnèrent toute la nuit, à certaine distance et à notre insu. On avait compté nos hommes ; on les savait peu nombreux ; craignant eux-mêmes que leur position n'eût été éventée, les Mexicains avaient résolu de nous enlever pour ne point manquer le convoi.

Au premier cri d'alarme, on donne un coup de pied dans les gamelles, on rappelle en grande hâte l'escouade de la fontaine, on recharge les bête, et, moins de cinq minutes après, nous étions tous sous les armes. Pendant ce temps, les Mexicains avaient disparu. Évidemment une embuscade se préparait sur nos derrières ; le mieux était en ce cas de revenir sur nos pas et de chercher à voir de plus près l'ennemi auquel nous avions affaire.

RÉCITS D'UN SOLDAT. 14

Nous quittons Palo-Verde en colonne, précédés d'une escouade en tirailleurs ; mais alors, au lieu de suivre la route, sur l'ordre du capitaine la compagnie prend par la droite et s'engage sous bois. Nous y trouvions ce double avantage de dissimuler nos mouvements et de pouvoir à l'occasion repousser plus facilement les attaques de la cavalerie libérale.

Le bois s'étendait à l'infini dans la direction de la Joya. Au-dessus des buissons et des touffes de hautes herbes montaient, reliés les uns aux autres par de longues lianes tombant en guirlandes, les magnolias, les lataniers, les caoutchoucs, les acajous, tous les arbustes rares, toutes les essences précieuses de cette nature privilégiée. Parfois le fourré devenait si épais qu'il fallait s'y ouvrir un chemin avec le tranchant du sabre-baïonnette. Çà et là couraient d'étroits sentiers, connus des seuls indigènes.

Nous marchions depuis plus d'une heure sans avoir même aperçu l'ennemi. Sorti l'un des premiers de l'Ecole de Saint-Cyr, jeune encore, estimé des chefs, adoré des soldats, le capitaine Danjou était ce qu'on appelle un officier d'avenir. Grièvement blessé en Crimée et resté manchot du bras gauche, il s'était fait faire une main articulée dont il se servait avec beaucoup d'adresse, même pour monter à cheval. Autant que son courage, ce qui le distinguait surtout, c'était cette sûreté, cette promptitude du coup d'œil qu'on ne trouvait jamais en défaut.

Ce jour-là, il portait sur lui une carte du pays, très complète, dressée à la main par les officiers de l'état-major français, et qu'il consultait souvent. A quelque distance, en face de nous, coulait la rivière, profondément encaissée entre ses deux bords à pic et gardée sans doute par un ennemi nombreux ; s'engager davantage pouvait paraître dangereux ; il nous fit faire volte-face et tendre de nouveau vers Camaron.

Au moment même où nous débouchions sur la

route, à 300 mètres environ du pâté de maisons, un coup de feu parti d'une fenêtre vint blesser l'un de nos camarades à la hanche.

La compagnie s'élance au pas de course ; à l'entrée du village, elle se dédouble, tourne par les deux côtés simultanément et se retrouve à l'autre bout, sans que rien de nouveau ait confirmé la présence de l'ennemi. Nous nous arrêtons, l'arme au pied, tandis qu'une escouade fouille soigneusement les maisons. En même temps, comme il fait très chaud et que la soif commence à nous tourmenter, des hommes avec leurs bidons descendent vers un petit ravin, situé à quelques pas sur la droite et où l'on trouve quelquefois de l'eau dans les creux du rocher. Par malheur, la saison des chaleurs était déjà arrivée, et nous dûmes rester sur notre soif. Dans le village, on eut beau chercher, l'adroit tireur ne s'y trouva plus : sans doute quelque vedette ennemie qui avait fui à notre approche.

Nous reprîmes alors la route du Chiquihuite. Nous allions encore une fois partagés en deux sections, une sur chaque flanc, le capitaine avec les mulets et une escouade au centre, plus une escouade d'arrière-garde à 100 mètres de distance.

A peine avions-nous fait quelques pas, nous aperçûmes tout à coup, sur un monticule à droite et en arrière de nous, les cavaliers mexicains massés, sabre au poing et s'apprêtant à charger. Ils avaient remis leurs vestes de cuir sur leurs épaules, et nous les reconnûmes très bien ; le coup de feu de leur vedette les avait appelés. A cette vue, le capitaine Danjou, ralliant les deux sections et l'escouade d'arrière-garde, nous fait former le carré pour mieux soutenir la charge ; au milieu de nous étaient les mulets; mais les deux maudites bêtes, pressées de tous côtés et regrettant leur ancienne liberté d'allures, sautaient, ruaient, faisaient un train d'enfer ; force nous fut de leur ouvrir les rangs, et ils partirent au triple galop dans la campagne, où ils n'allaient pas tarder à être capturés.

Les ennemis avaient sur nous l'avantage du lieu, car le terrain, plan et dégarni aux abords de la route, favorisait les évolutions de leur cavalerie ; au petit pas, ils descendirent le coteau, se séparèrent en deux colonnes afin de nous envelopper, et, parvenus à 60 mètres, fondirent sur nous avec de grands cris.

Le capitaine avait dit de ne point tirer : aussi les laissions-nous venir sans broncher, le doigt sur la détente ; un instant encore, et leur masse, comme une avalanche, nous passait sur le corps ; mais, au commandement de feu, une épouvantable décharge, renversant montures et cavaliers, met le désordre dans leurs rangs et les arrête tout net. Nous continuions le tir à volonté. Ils reculèrent.

Sans perdre de temps, le capitaine nous fait franchir un petit fossé garni d'une haie de cactus épineux, formant clôture, qui bordait la route sur la gauche et remontait jusqu'à Camaron. Outre que cet obstacle devait arrêter l'élan de la seconde charge, nous espérions atteindre les bois, dont on apercevait la lisière à 400 ou 500 mètres de là, et sous leur couvert regagner Paso del Macho sans encombre. Le tout était d'y arriver.

Par malheur, une partie des Mexicains nous avait déjà tournés par le nord-est de la hacienda ; les autres avaient essayé de franchir la haie de cactus, mais leurs chevaux, pour la plupart, s'étaient dérobés. Une seconde fois, nous nous formâmes en carré, et comme les assaillants étaient moins nombreux, comme ils ne chargeaient plus avec le même ensemble, nous soutinmes cette attaque encore plus résolument que la précédente. Ils reculèrent de nouveau.

Cependant notre situation devenait critique. Rejoindre les bois ? il n'y fallait plus songer : la hacienda au

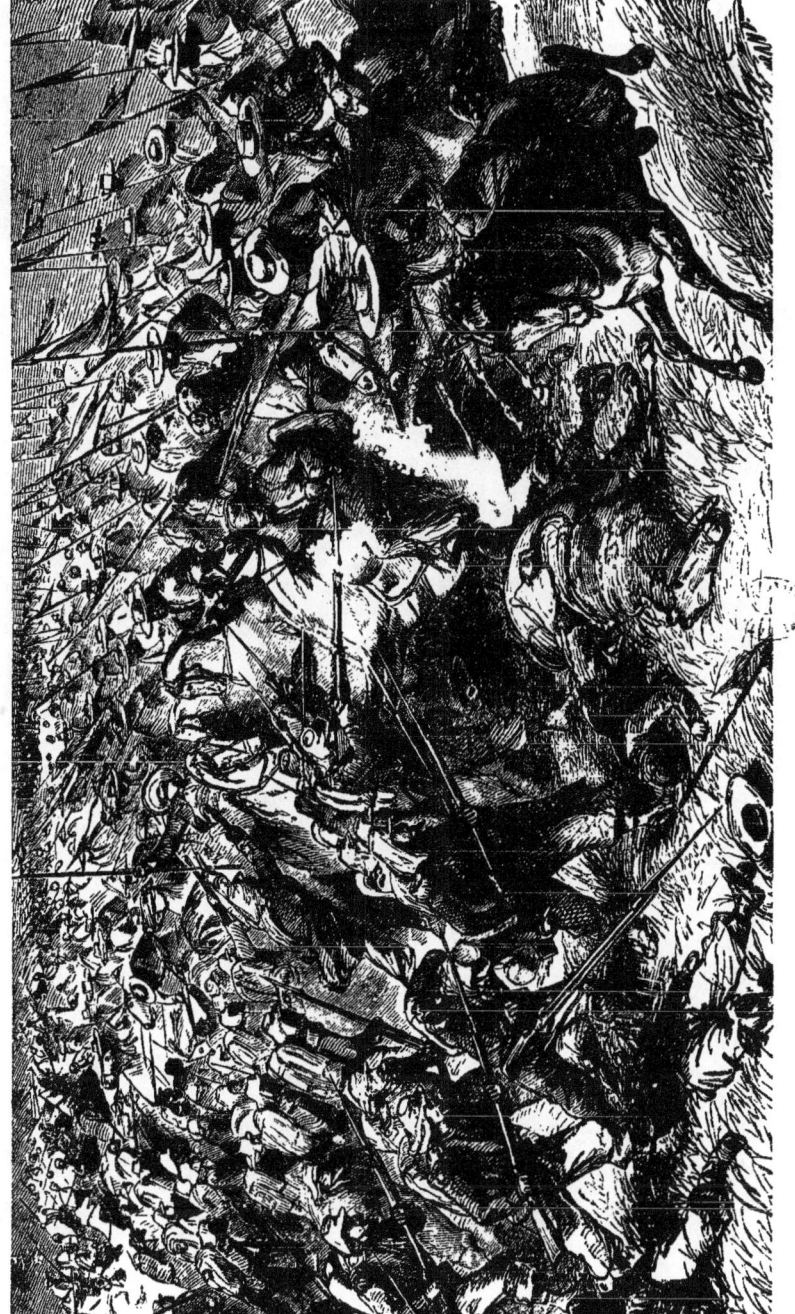

Parvenus à 60 mètres, ils fondirent sur hous avec de grands cris.

contraire était peu éloignée ; avec du sang-froid, du bonheur aussi, nous pouvions nous y réfugier et tenir derrière les murs, jusqu'à l'arrivée probable d'un secours.

Le parti du capitaine fut bientôt pris : sur son ordre, nous mettons baïonnette au canon, puis à notre tour, tête basse, nous fonçons sur les cavaliers groupés devant nous ; mais ils ne nous attendent pas et détalent comme des lièvres. Si le Mexicain fait preuve souvent en face des balles d'un courage incontestable, et même un peu fanfaron, il semble que tout engagement à l'arme blanche soit beaucoup moins de son goût.

Du même élan, nous franchissons la distance qui nous sépare de la ferme et nous pénétrons dans le corral ; puis chacun s'occupe d'organiser la défense. L'ennemi ne se voyait plus ; terrifié de notre impétuosité toute française, il s'était réfugié de l'autre côté du bâtiment. A défaut de portes depuis longtemps absentes, nous barricadons tant bien que mal les deux entrées avec des madriers, des planches et tout ce qui nous tombe sous la main.

Nous avions songé d'abord à occuper la maison tout entière, mais nous n'en eûmes pas le temps ; d'ailleurs nous n'étions pas en nombre. Déjà l'ennemi, revenu en avant, avait envahi les deux premières chambres du rez-de-chaussée par où l'on communiquait avec l'étage supérieur. Une seule restait libre, située à l'angle nord-ouest et ouvrant à la fois sur le dehors et sur la cour. Nous nous hâtâmes d'en prendre possession.

Dans l'intérieur du corral, et à gauche de la seconde entrée, s'élevaient deux hangars en planches, adossés à la muraille : le premier complètement fermé et à peu près intact ; l'autre, celui du coin, tout ouvert, à peine abrité d'un toit branlant et soutenu par deux ou trois bouts de bois portant sur un petit mur de briques crues à hauteur d'appui. En face, à l'angle correspondant, un hangar semblable avait existé autrefois, mais la charpente avait disparu, et il ne restait plus que le soutènement de briques, à demi ruiné ; au même endroit s'ouvrait dans le mur d'enceinte une brèche déjà ancienne, assez large pour laisser passer un homme à cheval.

Par les soins du capitaine Danjou, une escouade fut placée à chacune des deux entrées ; deux autres occupèrent la chambre avec mission de surveiller les ouvertures du bâtiment qui donnaient sur la route ; une autre fut chargée de garder la brèche. Un moment on voulut créneler le mur qui faisait face aux portes d'entrée ; mais il était si épais, si bien construit de paille, de sable et de cailloux, qu'on n'y put percer que deux trous, à grand'peine ; personne n'y demeura. Enfin le sergent Morzicki, un Polonais, fut envoyé sur les toits avec quelques hommes pour observer les mouvements de l'ennemi. Le reste de la compagnie prit place en réserve entre les deux portes, ayant l'œil à la fois sur les quatre coins de la cour et prêt à se porter partout où le danger deviendrait trop pressant.

Ces dispositions prises, nous attendîmes fièrement l'attaque ; il pouvait être en ce moment neuf heures et demie.

II

Jusque-là on avait tiraillé de part et d'autre, échangé quelques coups de feu, mais sans que l'ennemi en prit occasion pour s'engager à fond. Au contraire, il semblait hésiter à commencer l'attaque, et nous n'étions pas loin de croire qu'il se retirerait. Nous fûmes vite détrompés.

Morzicki venait d'être aperçu tandis qu'il s'avançait

sur les toits, au-dessus des chambres occupées par l'ennemi. Un officier mexicain, son mouchoir blanc à la main, s'approcha lui-même jusqu'au pied du mur extérieur et, parlant en bon français, au nom du colonel Milan nous somma de nous rendre : « Nous étions trop peu nombreux, disait-il : nous allions nous faire inutilement massacrer ; mieux valait nous résigner à notre sort et déposer les armes ; on nous promettait la vie sauve. »

Ce parlementaire était un tout jeune homme de vingt-deux à vingt-trois ans ; fils d'un Français, du nom de Laisné, établi depuis longtemps capitaine du port à Vera-Cruz, il avait passé lui-même par l'école militaire de Chapultepec, près Mexico. J'eus occasion de le connaître plus tard et, comme tous mes camarades, je n'eus jamais qu'à me louer de sa bienveillance et de son humanité. Pour le moment, il avait grade de capitaine et remplissait les fonctions d'officier d'ordonnance auprès du colonel Milan.

Morzicki était descendu pour nous apporter les propositions de l'ennemi ; le capitaine le chargea de répondre simplement que nous avions des cartouches, que nous ne nous rendrions pas.

Alors le feu éclata partout à la fois ; nous étions à peine un contre dix, et, si l'attaque eût été dès lors vigoureusement conduite, je ne sais trop comment nous eussions pu y résister. Heureusement nous n'avions affaire qu'à des cavaliers ; forcés de mettre pied à terre, embarrassés par leurs larges pantalons de cheval, peu habitués d'ailleurs à ce genre de combat, ils venaient, séparément ou par petits groupes, s'exposer à nos balles cylindriques qui ne les épargnaient point ; nous savions tirer.

A vrai dire, ils n'étaient pas seuls à souffrir, car nous nous trouvions nous-mêmes fort imparfaitement abrités, et déjà plusieurs des nôtres étaient tombés, tués ou blessés. Dans la chambre surtout, la lutte était épouvantable : les Mexicains essayaient de l'envahir du dehors ; en même temps, ceux qui occupaient les chambres voisines s'étaient mis à percer de meurtrières les murs et les plafonds ; les défenseurs, ainsi pressés, commençaient à faiblir.

Calme, intrépide au milieu du tumulte, le capitaine Danjou semblait se multiplier. Je le reverrai toujours avec sa belle tête intelligente où l'énergie se tempérait si bien par la douceur : il allait d'un poste à l'autre, sans souci des balles qui se croisaient dans la cour, encourageant les hommes par son exemple, nous appelant par nos noms, disant à chacun de ces nobles paroles qui réchauffent le cœur et rendent le sacrifice de la vie moins pénible, au moment du danger. Avec de pareils chefs, je ne sais rien d'impossible.

Vers onze heures, il venait de visiter le poste de la chambre et lui-même avait reconnu qu'on n'y pourrait plus tenir longtemps, quand, regagnant la réserve, il fut atteint d'une balle en pleine poitrine ; il tomba en portant la main sur sa blessure. Quelques-uns de nous coururent pour le relever, mais le coup était mortel ; le sang sortait à flots de sa poitrine et ruisselait sur le sol. Le sous-lieutenant Vilain lui mit une pierre sous la tête ; pendant cinq minutes encore ses yeux hagards roulèrent dans leur orbite, il eut deux ou trois soubresauts convulsifs, puis son corps se raidit, et il expira sans avoir repris connaissance.

Quelque temps avant de tomber, il nous avait fait promettre que nous nous défendrions tous jusqu'à la dernière extrémité : nous l'avions juré.

Sur ces entrefaites, la chambre était évacuée. Les Mexicains, à coups de crosse, étaient parvenus à enfoncer une porte intérieure qui unissait cette pièce aux autres du rez-de-chaussée et d'où ils fusillaient nos hommes à bout portant ; ceux-ci furent contraints de se retirer, mais de quatorze qu'ils étaient au début, il n'en restait plus que cinq qui allèrent renforcer les divers postes de la cour.

Le sous-lieutenant Vilain prit le commandement qui, comme titulaire, lui revenait de droit; petit, fluet, les cheveux blonds frisés, presqu'un enfant, il sortait des sous-officiers et n'avait que six mois de grade ; un brave cœur du reste, et qui ne boudait pas devant le danger.

La défense continua. Les Mexicains étaient maitres de la maison tout entière, mais ils ne jouirent pas longtemps de leur avantage. Embusqués dans la cour, nous dirigions contre toutes les ouvertures un feu si vif et si précis qu'ils durent quitter la place à leur tour, le premier étage d'abord, puis le rez-de-chaussée. Dès lors ils n'y reparurent que par intervalles et en petit nombre; mais à peine une tête, un bras, un bout d'uniforme apparaissait-il dans l'encadrement d'une porte ou d'une fenêtre, qu'une balle bien dirigée châtiait cette imprudence.

Vers midi, on entendit au loin la voix du clairon. Nous n'avions pas encore perdu tout espoir et nous pûmes croire un moment que des Français venaient à notre secours; déjà même, frémissants de joie, nous nous apprêtions à sortir du corral pour courir au-devant de nos camarades : soudain battirent les tambours, ces petits tambours bas des Mexicains, au roulement rauque et plat comme celui du tambour de basque, jouant une sorte de marche sautillante, toute différente de nos airs français et à laquelle nous ne pouvions plus nous méprendre.

C'était l'infanterie du colonel Milan qui s'annonçait : laissée au matin dans le campement de la Joya, avertie plus tard du combat engagé à Camaron, elle venait ajouter le poids de ses armes dans une lutte déjà trop inégale.

Morzicki nous avait rejoints et combattait avec nous dans la cour; souple comme un jaguar et s'adant pour grimper des moindres aspérités de la muraille, il alla reprendre sur les toits son poste périlleux d'observation. Il aperçut, massée en avant de la hacienda, toute cette infanterie.

On n'y comptait pas moins de trois bataillons forts de 400 hommes en moyenne et portant chacun le nom du district où ils avaient été levés : Vera-Cruz, Cordova, Jalapa.

Comme il arrive toujours dans une armée improvisée, — et c'était le cas pour les Mexicains, — l'ensemble du costume et de l'équipement laissait beaucoup à désirer ; pourtant, sous ce désordre, on sentait percer une préoccupation méritoire de bonne tenue et de régularité. Les hommes du bataillon de Vera-Cruz avaient tous, ou presque tous, le large pantalon et la veste de toile grise à liseré bleu, pour coiffure le grand chapeau de paille ; Cordova ne différait que par la couleur de la toile qui était bleue ; Jalapa, le mieux habillé des trois, avait également le pantalon de toile grise, la veste bleue ouverte par devant, et au lieu du sombrero mexicain le képi, avec l'indispensable couvre-nuque tombant sur les épaules. Le plus grand nombre chaussaient des brodequins en cuir fauve lacés sur le cou-de-pied ; les autres avaient conservé leurs sandales ou *guaraches*, à semelles de cordes, assez semblables aux espadrilles espagnoles.

Les chefs étaient vêtus à peu près de même façon, sauf la qualité plus fine de l'étoffe : pantalon à liseré bleu ou rouge, tunique de campagne à petites basques, ornée de boutons d'or sur le devant, avec l'attente sur chaque épaule. Tous les officiers supérieurs portaient la botte molle et le revolver à la ceinture.

Quant à la cavalerie, elle se composait surtout d'irréguliers, — *guerilleros*, — dans l'appareil le plus ordinaire au cavalier mexicain et que tout le monde connaît : aux jambes, des caleçons de peau collants, ouverts de bas en haut, s'évasant sur le pied et garnis le long de la couture d'une triple rangée de boutons métalliques, autour des reins la ceinture de laine rouge, le gilet et la veste de cuir, agrémentés à profusion de soutaches et de broderies d'argent, sur la tête le chapeau de feutre gris aux vastes ailes horizontales qu'entoure la *toquilla*, large galon d'argent ou d'or; puis des éperons démesurés, d'énormes étriers de bois, en forme de sabots carrés, recouverts de métal, la lourde selle à pommeau; tout cela faisait un curieux contraste avec la taille de leurs chevaux, peu élevés pour la plupart, mais d'une vigueur remarquable et merveilleusement dressés.

Un escadron seul portait l'uniforme militaire : tunique de drap bleu à petits pans, pantalon bleu terminé par le bas de cuir, buffleteries blanches; képi et couvre-nuque : c'étaient des dragons. Du reste, toutes ces troupes étaient supérieurement armées, avec des armes perfectionnées de provenance américaine : aux cavaliers, le sabre, le revolver et le mousqueton; bon nombre de *guerilleros* avaient aussi la lance; aux fantassins, la carabine rayée et le sabre-baïonnette. En vérité, il ne leur manquait plus que du canon !

Nous nous regardâmes sans mot dire; dès ce moment nous avions compris que tout était perdu et qu'il ne nous restait plus qu'à bien mourir. Pour comble de malheur, le vent ne portait pas dans la direction de Paso del Macho, d'où le capitaine Saussier et ses grenadiers, entendant la fusillade, n'auraient pas manqué d'accourir à notre aide.

Cependant Morzicki avait été vu de nouveau, et pour la seconde fois le chef des Mexicains nous fit sommer de nous rendre. Le sergent était encore tout bouillant de lutte; ivre de poudre et de colère, il répondit en vrai soldat, par un mot peu parlementaire, mais qui du moins ne laissait plus de doute sur nos intentions, puis il se hâta de descendre et traduisit sa réponse au sous-lieutenant Vilain, qui dit seulement : « Vous avez bien fait, nous ne nous rendrons pas ».

Au même instant, l'assaut commença. Le premier élan des Mexicains fut terrible ; ils se ruaient de tous côtés pour pénétrer dans la cour, criant, hurlant, vomissant contre nous les imprécations et les injures, avec cette abondance qui leur est propre en pareil cas et que facilite encore l'inépuisable richesse du vocabulaire espagnol : « Dehors les chiens de Français ! A bas la canaille ! A bas la France ! Mort à Napoléon ! » Je ne puis tout répéter.

Pour nous, calmes, silencieux, chacun à notre poste, nous ajustions froidement, ne tirant qu'à coup sûr et quand nous tenions bien notre homme au bout du fusil : les plus avancés tombaient ; le flot des assaillants oscillait d'abord, puis reculait en frémissant, mais pour revenir à la charge aussitôt après. A peine avions-nous le temps de glisser une nouvelle cartouche au canon, ils étaient déjà sur nous. Leurs officiers surtout étaient magnifiques d'audace et de bravoure

Rentrés en force dans le corps de logis, les uns s'occupaient d'ouvrir avec des pics et des pinces dans le mur du rez-de-chaussée une large brèche sur la cour. En même temps, d'autres s'étaient établis derrière la partie du mur d'enceinte qui faisait face aux grandes portes ; de là, mettant à profit les créneaux que nous avions percés nous-mêmes et que nous n'avions pas pu défendre, en perçant de nouveaux, comme le niveau du sol extérieur était plus élevé que celui de la cour, ils dirigeaient sur nous un feu plongeant ; de ce côté encore ils parvinrent, quoique non sans peine, à ouvrir une brèche de près de 3 mètres.

Alors nous dûmes changer nos dispositions. Le poste de réserve dont je faisais partie et qui tenait le milieu entre les deux entrées se trouvait pris à découvert; nous réunissant aux défenseurs de la porte de droite qui n'était plus attaquée, tous ensemble nous fîmes retraite dans l'angle sud-ouest de la cour, sous le hangar ouvert, d'où nous continuâmes à tirer.

Vers deux heures et demie, le sous-lieutenant Vilain revenait de visiter le poste de la brèche et traversait la cour en diagonale dans la direction des grandes portes, quand une balle partie du bâtiment l'atteignit en plein front. Il tomba comme foudroyé.

En ce moment, il faut bien le dire, un sentiment d'horrible tristesse nous pénétra jusqu'au fond de l'âme. La chaleur était accablante; le soleil en son zénith tombait d'aplomb sur nos têtes, un soleil dévorant, impitoyable, comme il ne luit qu'aux tropiques; sous ses rayons à pic, les murs de la cour paraissaient tout blancs et la réverbération nous brûlait les yeux; quand nous ouvrions la bouche pour respirer, il nous semblait avaler du feu; dans l'air, pesant comme du plomb, couraient ces tressaillements, ces ondulations qu'on voit passer sur les plaines désertes dans les après-midi d'été; la poussière que soulevaient les balles perdues frappant le sol de la cour avait peine à quitter la terre et lentement montait en lourdes spirales; surchauffé tout à la fois par les rayons du soleil et la rapidité de notre tir, le canon de nos fusils faisait sur nos mains l'impression du fer rouge. Si intense était l'ardeur de l'atmosphère dans ce réduit transformé en fournaise que les corps des hommes tués s'y décomposaient à vue d'œil; en moins d'une heure, la chair des plaies se couvrait de teintes livides.

Pêle-mêle avec les morts, car il n'y avait aucun moyen de les secourir, les blessés gisaient à la place même où ils étaient tombés; mais tandis qu'on entendait au dehors ceux des Mexicains gémir et hurler de douleur, tour à tour invoquant la Vierge ou maudissant Dieu et les saints, les nôtres, par un suprême effort, en dépit de leurs souffrances, restaient silencieux. Ils eussent craint, les pauvres garçons, d'accuser ainsi nos pertes et de donner confiance à l'ennemi.

Nous n'avions rien mangé ni bu depuis la veille; les provisions s'en étaient allées avec les mulets; nos bidons étaient à sec, car, en arrivant à Palo-Verde, nous les avions vidés dans les gamelles qu'il fallut renverser ensuite, et, dans notre retraite précipitée, nous n'avions pas eu le temps de les remplir de nouveau; enfin, dans le ravin, nous n'avions pu trouver d'eau. Seul, au départ, l'ordonnance du capitaine portait en réserve dans sa musette une bouteille de vin que M. Danjou lui-même, au moment d'organiser la résistance, avait distribuée entre les hommes. A peine y en avait-il quelques gouttes pour chacun, qu'il nous versa et que nous bûmes dans le creux de la main.

Aussi la soif nous étreignait à la gorge et ajoutait encore aux horreurs de notre situation : une écume blanche nous montait aux coins de la bouche et s'y coagulait; nos lèvres étaient sèches comme du cuir, notre langue tuméfiée avait peine à se mouvoir; un souffle haletant, continu, nous secouait la poitrine; nos tempes battaient à se rompre, et notre pauvre tête s'égarait; de telles souffrances étaient intolérables. Ceux-là seuls peuvent me comprendre qui ont vécu sous ce climat malsain et qui connaissent par expérience le prix d'un verre, d'une goutte d'eau.

J'ai vu des blessés se traîner à plat-ventre, et, pour apaiser la fièvre qui les dévorait, la tête en avant, lécher les mares de sang déjà caillé qui couvraient le sol. J'en ai vu d'autres, fous de douleur, se pencher sur leurs blessures et aspirer avidement le sang qui sortait à flots de leur corps déchiré. Plus forte que toutes les répugnances, que tous les dégoûts, la soif était là qui nous pressait... et puis on avait juré... le devoir!...

A la vérité, ce n'était guère le temps de nous apitoyer sur nous-mêmes ou sur les souffrances de nos camarades. Il fallait avoir l'œil tourné vers tous les points à la fois : à droite, à gauche, en avant, vers les fenêtres du bâtiment, vers les brèches de la cour, car partout on voyait briller les canons de fusil, et de partout venait la mort. Les balles, plus drues que la grêle, s'abattaient sur le hangar, ricochaient contre les murs, faisaient voler autour de nous les éclats de pierre et les débris de bois. Parfois un de nous tombait, alors le voisin se baissait pour fouiller ses poches et prendre les cartouches qu'il avait laissées.

D'espoir, il n'en restait plus ; personne cependant ne parlait de se rendre. Le porte-drapeau Maudet, un vaillant lui aussi, avait remplacé Vilain ; un fusil à la main, il combattait avec nous sous le hangar, car déjà les progrès des ennemis ne permettaient plus de traverser la cour et de communiquer des ordres aux différents postes. Au fait, il n'en était pas besoin ; la consigne était bien connue de tous : tenir jusqu'au bout, jusqu'à la mort.

Les Mexicains commençaient à se lasser ; mais alors, pour mieux vaincre notre résistance, ils imaginent de recourir à une manœuvre de guerre fort en honneur parmi eux : ils entassent de la paille et du bois à la partie nord-est du bâtiment et y mettent le feu ; l'incendie dévora d'abord un hangar extérieur qui faisait face à Vera-Cruz et qui de là gagna rapidement les toits.

Le vent soufflait du nord au sud et rabattait sur nous une épaisse fumée noire qui ne tarda pas à envahir la cour ; nous en étions littéralement aveuglés, et cette odeur âcre de la paille brûlée, nous prenant à la gorge, rendait plus ardente encore l'horrible soif qui nous tordait les entrailles.

Enfin, au bout d'une heure et demie, l'incendie s'éteignit de lui-même, faute d'aliments ; pourtant cet incident nous avait été funeste : à la faveur de la fumée qui nous dérobait leurs mouvements, les Mexicains avaient pu s'avancer davantage et nous tirer plus sûrement. Les postes de la brèche et de la porte de gauche avaient perdu la plus grande partie de leurs défenseurs.

Vers cinq heures, il y eut un moment de répit; les assaillants se retiraient les uns après les autres comme pour obéir à un ordre reçu, et nous pûmes reprendre haleine. Tout bien compté, nous n'étions plus qu'une douzaine.

Au dehors, le colonel Milan avait réuni ses troupes autour de lui et les haranguait; sa voix sonore arrivait jusqu'à nous, car tout autre bruit avait cessé, et à mesure qu'il parlait, sous le hangar, un ancien soldat de la compagnie, Bartholotto, d'origine espagnole, tué raide à côté de moi quelques instants plus tard, nous traduisait mot par mot son discours.

Dans ce langage chaud et coloré qui fait le fond de l'éloquence espagnole, Milan exhortait ses hommes à en finir avec nous; il leur disait que nous n'étions plus qu'une poignée, mourant de soif et de fatigue, qu'il fallait nous prendre vivants, que s'ils nous laissaient échapper, la honte serait pour eux ineffaçable; il les adjurait au nom de la gloire et de l'indépendance du Mexique, et leur promettait bien haut la reconnaissance du gouvernement libéral. Quand il eut fini, une immense clameur s'éleva et nous apprit que l'ennemi était prêt pour un nouvel effort. Toutefois, avant d'attaquer, Milan nous fit adresser une troisième sommation; nous n'y répondîmes même pas.

III

L'assaut reprit plus terrible que jamais; l'ennemi se précipitait sur toutes les ouvertures à la fois. A la grande porte, le caporal Berg seul restait debout ; il fut entouré, saisi par les bras, par le cou, enlevé : l'entrée était libre, et les Méxicains s'y jetèrent en foule. Nous cependant, de notre coin, nous enfilions le mur en longueur; tous ceux qui se montraient dans cette direction faisaient aussitôt demi-tour ; en moins de dix minutes, il y eut là plus de vingt cadavres en monceau qui obstruaient le passage et arrêtaient l'élan des nouveaux venus.

Par malheur, vers le même temps, l'entrée de l'ancienne brèche était forcée ; quatre hommes s'y défendaient encore : Kuwasseg, Gorski, Pinzinger et Magnin; mais tandis qu'ils repoussent les assaillants du dehors, franchissant portes et fenêtres, les Mexicains par derrière envahissent la cour : nos camarades sont contraints de faire face à cette attaque imprévue qui les prend à revers; en vain veulent-ils résister à l'arme blanche, ils sont à leur tour désarmés et pris.

Sous le hangar, nous tenions toujours ; la poitrine haletante, les doigts crispés, sans répit chargeant notre carabine, puis l'armant d'un geste inconscient et fébrile, nous réservions toute notre attention pour viser. Chacun de nos coups faisait un trou dans leurs rangs, mais pour un de tué, dix se présentaient.

La porte naguère défendue par Berg, l'entrée ouverte dans le mur d'enceinte, les fenêtres et la porte de la hacienda vomissaient à flots les assaillants, et se traînant sur les genoux, dissimulés derrière le petit mur du hangar détruit qui à cet endroit avançait dans la cour, d'autres adversaires nous arrivaient continuellement par l'ancienne brèche.

Il faisait grand jour encore ; dans le ciel d'un bleu cru, sans nuages, brillait le soleil aussi ardent, aussi implacable qu'en plein midi, et ses rayons à peine inclinés, comme s'acharnant après nous, fouillaient tous les coins de la cour. Plusieurs des blessés, frappés d'insolation et en proie au délire, ne pouvaient plus retenir leurs plaintes et demandaient à boire d'une voix déchirante ; les mains contractées, les yeux injectés et saillants, les malheureux se tordaient dans les angoisses dernières de l'agonie et de leur tête nue battaient lourdement le sol desséché.

Depuis le matin, je n'avais rien perdu, fût-ce un seul moment, ni de mon sang-froid, ni de ma présence d'esprit ; tout à coup je pensai que j'allais mourir.

Souvent j'avais entendu dire que, dans un péril extrême, l'homme revoit passer en un instant, par les yeux de l'esprit, tous les actes de sa vie entière. Pour ma part, et bien qu'ayant fait la guerre, je me fusse trouvé parfois dans des circonstances assez difficiles, jamais je n'avais rien observé de semblable. Cette fois, il devait en être autrement. Ce fut comme un de ces éclairs rapides qui par les chaudes nuits des tropiques, précurseurs de l'orage, déchirent subitement la nue, et, courant d'un pôle à l'autre, illuminent sur une étendue immense les montagnes et les plaines, les forêts, les villes et les hameaux ; pendant la durée de quelques secondes à peine, chaque détail du paysage apparait distinct en son lieu, puis la nuit reprend tout. Ainsi mon passé m'apparut soudain. Je revis mon beau et vert pays de Périgord, et Mussidan où j'étais né, si gentiment assis entre ses deux rivières, tout embaumé de l'odeur des jardins, et les petits camarades avec qui je jouais enfant.

Je me revis moi-même jeune soldat, engagé aux zouaves, bientôt partant pour la Crimée, blessé dans les tranchées, prenant part un des premiers à l'assaut du Petit-Redan, décoré ! Je me revis plus tard en Afrique, entré aux chasseurs à pied et faisant *parler la poudre* avec les Arabes ; puis en dernier lieu rendant mes galons de sous-officier pour faire partie de la nouvelle expédition et visiter cette terre du Mexique où j'allais laisser mes os.

En effet, l'issue pour nous n'était plus douteuse. Acculés dans notre coin comme des sangliers dans leur bauge, nous étions prêts pour le coup de grâce. De moment en moment un de nous tombait, Barthololotto d'abord, puis Léonard.

Je me trouvais entre le sergent Morzicki, placé à ma gauche, et le sous-lieutenant Maudet à ma droite. Tout à coup Morzicki reçut à la tempe une balle partie du coin de la brèche ; son corps s'inclina et sa tête inerte vint s'appuyer sur mon épaule. Je me retournai et le vis face à face, la bouche et les yeux grands ouverts :

— Morzicki est mort, dis-je au lieutenant.

— Bah ! fit celui-ci froidement, un de plus ; ce sera bientôt notre tour, et il continua de tirer.

Je saisis à bras-le-corps le cadavre de Morzicki, je l'adossai à la muraille et retournai vivement ses poches pour voir s'il lui restait encore des cartouches ; il en avait deux, je les pris.

Nous n'étions plus que cinq : le sous-lieutenant Maudet, un Prussien nommé Wensel, Cattau, Constantin, tous les trois fusiliers, et moi. Pourtant nous tenions toujours l'ennemi en respect ; mais notre résistance tirait à sa fin, les cartouches allaient s'épuisant. Quelques coups encore, il ne nous en resta qu'une à chacun ; il était six heures environ, et nous combattions depuis le matin. — Armez vos fusils, dit le lieutenant : vous ferez feu au commandement ; puis nous chargerons à la baïonnette, vous me suivrez.

Tout se passa comme il l'avait dit.

Les Mexicains avançaient, ne nous voyant plus tirer; la cour en était pleine. Il y eut alors un grand silence autour de nous; le moment était solennel : les blessés même s'étaient tus; dans notre réduit, nous ne bougions plus, nous attendions.

— Joue! feu! — dit le lieutenant; nous lâchâmes nos cinq coups de fusil, et, lui en tête, nous bondîmes en avant, baïonnette au canon.

Une formidable décharge nous accueillit, l'air trembla sous cet ouragan de fer, et je crus que la terre allait s'entr'ouvrir.

A ce moment, le fusilier Cattau s'était jeté en avant de son officier et l'avait pris dans ses bras pour lui faire un rempart de son corps ; il tomba frappé de dix-neuf balles.

En dépit de ce dévoûment, le lieutenant fut également atteint de deux balles : l'une au flanc droit, l'autre qui lui fracassa la cuisse droite.

Wensel était tombé, lui aussi, le haut de l'épaule traversé, mais sans que l'os eût été touché ; il se releva aussitôt.

Nous étions trois encore debout : Wensel, Constantin et moi.

Un moment interdits à la vue du lieutenant renversé, nous nous apprêtions cependant à sauter par-dessus son corps et à charger de nouveau ; mais déjà les Mexicains nous entouraient de toutes parts et la pointe de leurs baïonnettes effleurait nos poitrines.

C'en était fait de nous, quand un homme de haute taille, aux traits distingués, qui se trouvait au premier rang parmi les assaillants, reconnaissable à son képi et à sa petite tunique galonnée pour un officier supérieur, leur ordonna de s'arrêter et d'un brusque mouvement de son sabre releva les baïonnettes qui nous menaçaient : — Rendez-vous! nous dit-il.

· Nous nous rendrons, répondis-je, si vous nous laissez nos armes et notre fourniment, et si vous vous engagez à faire relever et soigner notre lieutenant que voici là blessé.

L'officier consentit à tout, puis, comme ces premiers mots avaient été échangés en espagnol : — Parlez-moi en français, me dit-il, cela vaudra mieux ; sans quoi ces hommes vont vous prendre pour un Espagnol, ils voudront vous massacrer, et peut-être ne pourrai-je pas me faire obéir...

On reconnait bien là cette haine inexpiable que gardent les Mexicains, et avec eux tous les colons de l'Amérique espagnole, contre la mère patrie : juste retour de tant d'injustices et de cruautés commises pendant trois siècles dans ces belles contrées par les successeurs de Pizarre et de Fernand Cortès.

Cependant l'officier parlait à l'un de ses hommes ; il se retourna et me dit : — Venez avec moi. — Là-dessus il m'offrit le bras, donna l'autre à Wensel blessé, et se dirigea vers la maison ; Constantin nous suivait de près.

Je jetai les yeux sur notre officier que nous laissions par derrière.

— Soyez sans inquiétude, me dit-il, j'ai donné ordre pour qu'on prit soin de lui ; on va venir le chercher sur un brancard. Vous-mêmes, comptez sur moi, il ne vous sera fait aucun mal. »

Pour dire vrai, je m'attendais à être fusillé, mais cela m'était indifférent ; je le lui dis.

— Non, non, reprit-il vivement, je suis là pour vous défendre.

Au moment même où, sortant du corps de logis, nous débouchions sur la route, toujours à son bras, un cavalier irrégulier fond sur nous avec de grands cris et lâche des deux mains sur Wensel et sur moi deux coups de pistolet ; sans mot dire, l'officier prend son revolver dans sa ceinture, ajuste froidement et casse la tête au misérable, qui roule de la selle sur la chaussée ; puis nous continuons notre route sans nous occuper autrement de lui.

Le colonel Cambas avait été élevé en France et parlait notre langue admirablement; militaire par occasion, comme beaucoup de ceux qui nous combattaient et que l'amour de la liberté avait armés contre nous, il appartenait, ainsi que Milan, à cette classe des *licenciados* qui comprend à elle seule presque tous les hommes les plus instruits et les plus influents du pays. Excellentes gens, l'un et l'autre, et qui eussent fait honneur même à une autre armée, car pour leurs soldats, je ne crois pas les calomnier beaucoup en disant que les trois quarts n'étaient que des bandits.

Nous étions arrivés ainsi dans un petit pli de terrain, à quelque distance de la hacienda, où se tenaient le colonel Milan et son état-major.

— « C'est là tout ce qu'il en reste ? » demanda-t-il en nous apercevant. — On lui répondit que oui, et, ne pouvant contenir sa surprise : « *Pero non son hombres*, s'écria-t-il, *son demonios.* » Ce ne sont pas des hommes, ce sont des démons ! Puis s'adressant à nous en français : — « Vous avez soif, messieurs, sans doute. J'ai déjà envoyé chercher de l'eau. Du reste, ne craignez rien ; nous avons déjà plusieurs de vos camarades que vous allez bientôt revoir ; nous sommes des gens civilisés, quoi qu'on dise, et nous savons les égards qui se doivent à des prisonniers tels que vous. »

On nous donna de l'eau et des *tortillas*, sorte de crêpes de maïs dont le bas peuple au Mexique se sert comme de pain et sur lesquelles nous nous jetâmes avec avidité.

Au même moment arrivait le lieutenant Maudet, couché sur un brancard et entouré d'une nombreuse escorte de cavaliers ; d'autres blessés venaient après lui.

La nuit était tombée tout à coup ; sous les tropiques, le crépuscule n'existe point non plus que l'aurore, et le jour s'éteint comme il naît, presque sans transition. En compagnie de nos vainqueurs, nous fîmes route vers leur campement de la Joya, où nous arrivâmes assez tard ; il y régnait une grande émotion, et les blessés encombraient tout. Là, malgré la parole du colonel Cambas, nos armes, qu'on nous avait laissées d'abord, nous furent enlevées ; il fallait s'y attendre ; on nous réunit alors à nos camarades faits prisonniers avant nous. Épuisés par la fatigue et par la souffrance, noirs de poudre, de poussière et de sueur, les traits défaits, les yeux sanglants, nous n'avions plus figure humaine. Nos vêtements, nos chapeaux étaient criblés, percés à jour ; les miens pour leur part avaient reçu plus de quarante balles, mais par un bonheur inouï, durant cette longue lutte, je n'avais pas même été touché.

Comment en étions-nous sortis sains et saufs ? Nous ne le comprenions pas nous-mêmes, et les Mexicains pas davantage ; seulement le lendemain je me tâtais les membres, doutant encore si c'était bien moi, et si j'étais réellement en vie.

IV

Tel est ce glorieux fait d'armes où 65 hommes de l'armée française, sans eau, sans vivres, sans abri, dans une cour ouverte, sous les ardeurs d'un soleil meurtrier, tinrent en échec pendant plus de dix heures près de 2,000 ennemis.

Grâce à leur dévoûment, le convoi fut sauvé. Lentement il remontait dans la direction de Cordova et n'était plus qu'à deux lieues de Camaron, lorsqu'un Indien, qui de loin avait assisté aux opérations militaires de la journée, vint annoncer qu'un détachement français avait été enveloppé dans la hacienda, que les Mexicains étaient en nombre et qu'ils barraient la route. Il était alors cinq heures environ, et la 3ᵉ compagnie était presque anéantie.

Outre les grosses pièces d'artillerie de siège, les fourgons du trésor, les prolonges et les voitures de l'intendance militaire, chargées de matériel et de munition, le convoi trainait à sa suite une foule de charrettes du commerce et près de 2,000 mules portant les provisions des cantiniers civils; cela faisait un défilé interminable, que ralentissait encore le mauvais état de la route. Dans ces conditions, toute surprise devait être fatalement désastreuse; le capitaine Cabossel, des voltigeurs, chargé de la conduite du convoi, n'avait avec lui que deux compagnies du régiment étranger et point de cavalerie; il fit faire halte aussitôt et dépêcha un exprès à la Soledad pour réclamer de nouvelles instructions; il reçut l'ordre de revenir sur ses pas.

A la même heure, le colonel Jeanningros, également prévenu par un Indien, faisait demander des renforts à Cordova. On lui expédie deux bataillons d'infanterie de marine; il en laisse un au Chiquihuite pour conserver la position; lui-même, avec la légion étrangère et l'autre bataillon, se porte en avant au milieu de la nuit, et ramasse en passant les grenadiers du capitaine Saussier, qui prennent l'avant-garde.

Au point du jour, la colonne était en vue de Camaron, mais déjà l'annonce de son arrivée avait mis en fuite les Mexicains qui s'occupaient d'enterrer les morts, et Milan levait en toute hâte son camp de la Joya.

On rencontra, à 170 mètres environ du village, évanoui au pied d'un buisson et grièvement blessé, le tambour de la vaillante compagnie. Pris pour mort par les Mexicains qui la veille au soir avaient visité le champ de bataille et jeté parmi les cadavres de ses camarades, le froid de la nuit l'avait réveillé; il s'était dégagé peu à peu et s'était traîné droit devant lui, jusqu'à ce que la douleur et l'épuisement l'obligeassent à s'arrêter.

Dans la cour de la ferme, le désordre était affreux et n'attestait que trop bien l'acharnement de la lutte ; partout d'énormes plaques de sang desséché, partout le sol piétiné, les murs défoncés ou éraflés par les balles ; puis çà et là des fusils brisés, des baïonnettes et des sabres tordus, des sombreros, des képis, des effets d'équipement militaires, déchirés, en lambeaux, et sur tout cela du sang. Parmi ces débris on ramassa la main articulée du capitaine.

Cependant les cadavres avaient été enlevés : on les découvrit plus tard séparés en deux tas distincts, ceux des Mexicains au nord ; de l'autre côté de la route, ceux des Français dans un fossé au sud-ouest de la hacienda. Une cinquantaine de Mexicains étaient déjà enterrés ; mais il en restait encore plus de deux cents. Les Français avaient perdu vingt-deux hommes tués dans l'action ; huit autres, il est vrai, moururent presque aussitôt des suites de leurs blessures, et parmi eux le sous-lieutenant Maudet, qui, transporté à Huatesco, succomba le 8 mai. Les Mexicains s'honorèrent eux-mêmes en rendant à ses dépouilles les honneurs militaires. Il y eut de plus 19 soldats et sous-officiers blessés.

Chez les Mexicains comme chez nous, par une particularité curieuse, le nombre des morts fut plus considérable que celui des blessés ; du reste, on remarqua que des deux côtés presque tous les hommes avaient été frappés à la tête ou dans le haut du corps.

Quant aux survivants prisonniers, ils suivirent d'abord la colonne mexicaine, parfois traités avec égard, souvent aussi malmenés, injuriés ; mais nous n'avons pas à décrire leur odyssée à travers les villages et les forêts vierges des Terres-Chaudes, sans cesse forcés de fuir avec leurs gardiens devant l'approche des troupes françaises.

Pourtant le bruit de leur héroïque défense s'était répandu dans le pays et avait excité chez tous, amis ou ennemis, une admiration unanime. Les autorités françaises s'occupèrent de leur faire rendre la liberté ; mais, dans le désordre incroyable où se débattait alors l'administration libérale, les négociations de cette sorte n'étaient pas aisées à conduire. Après trois longs mois d'attente et de souffrances, un premier convoi de 8 prisonniers, dont faisait partie le caporal Maine, fut échangé contre 200 soldats et un colonel mexicains que nous avions en notre pouvoir. Dans l'intervalle, bon nombre des blessés avaient encore succombé ; quelques-uns, qui n'avaient pu quitter l'hôpital de Jalapa, rentrèrent plus tard.

Ce retour des prisonniers fut un perpétuel triomphe ; dans les villes et les villages où ils passaient, la foule se portait à leur rencontre et les acclamait ; les Indiens surtout, dont l'esprit se frappe plus aisément, restaient saisis à leur vue d'une sorte d'étonnement superstitieux et s'écriaient en joignant les mains : « *Jesu-Maria*, les voilà ! »

Dès leur arrivée au corps, le chef de bataillon Regnault, qui commandait alors par intérim le régiment étranger, au lieu et place du colonel Jeanningros, appelé à Vera-Cruz, s'empressa de rédiger un rapport circonstancié du combat de Camaron dont on ignorait encore les détails. Ce rapport très émouvant, très bien fait, parvint par voie hiérarchique jusqu'au général en chef Forey.

A son tour, celui-ci voulut qu'il en fût donné lecture à toutes les troupes du corps expéditionnaire, et dans un ordre du jour daté de son quartier général de Mexico, le 31 août 1863, après avoir glorifié les braves qui avaient soutenu *cette lutte de géants,* comme il disait, il déclara qu'une si belle conduite avait mérité des récompenses extraordinaires. En vertu donc des pouvoirs à lui conférés, Maine, sergent depuis son retour et déjà décoré, devait être promu au grade de sous lieutenant à la première vacance dans le corps; Schaffner, Wensel, Fritz, Pinzinger, Brunswick, recevaient la croix de la Légion d'honneur, quatre autres la médaille militaire. Peu de temps après, le régiment étranger était rappelé en Europe; les nominations, confirmées par décret impérial, parurent au *Moniteur universel*, le 9 août 1864.

Aujourd'hui le chemin de fer de Vera-Cruz à Mexico traverse Camaron et passe sur les fondations des deux anciennes maisons, en face de la hacienda en partie détruite pour l'agrandissement du village. Non loin de là, à la place où dorment les héros, s'élève un tertre, surmonté d'une colonne brisée qu'entoure en serpentant une guirlande de lauriers; point d'inscription : leur gloire y supplée ; c'est le gouvernement mexicain qui fait les frais de l'entretien ; mais depuis le jour mémorable, pendant toute la durée de l'occupation, chaque fois qu'un détachement français passait devant Camaron, les tambours battaient aux champs, les soldats présentaient les armes et les officiers saluaient de l'épée.

TABLE DES MATIÈRES

	Pages
Lucien-Louis Lande. Introduction par Emile Faguet.	5
Les Fusiliers marins.	25
Un Invalide.	95
Le Sergent Hoff.	135
La Hacienda de Camaron.	197

www.ingramcontent.com/pod-product-compliance
Lightning Source LLC
Chambersburg PA
CBHW071932160426
43198CB00011B/1364

CORRESPONDANCE
LITTÉRAIRE,

ADRESSÉE A SON ALTESSE IMPÉRIALE

M.ᴳᴿ LE GRAND-DUC,

AUJOURD'HUI

EMPEREUR DE RUSSIE,

ET A M. LE COMTE

ANDRÉ SCHOWALOW,

CHAMBELLAN DE L'IMPÉRATRICE CATHERINE II;

Depuis 1774 jusqu'à 1791;

Par JEAN-FRANÇOIS LAHARPE.

Et mihi res, non me rebus submittere conor.
Hor.

TOME SIXIÈME.

A PARIS,

CHEZ MIGNERET, IMPRIMEUR,
RUE DU SÉPULCRE, F. S. G., N.º 20.

1807.

CORRESPONDANCE
LITTÉRAIRE.